Asma Hamed
Amel Grissa Touzi

Contribution à la classification des BDRF

Asma Hamed
Amel Grissa Touzi

Contribution à la classification des BDRF

Éditions universitaires européennes

Impressum / Mentions légales
Bibliografische Information der Deutschen Nationalbibliothek: Die Deutsche Nationalbibliothek verzeichnet diese Publikation in der Deutschen Nationalbibliografie; detaillierte bibliografische Daten sind im Internet über http://dnb.d-nb.de abrufbar.
Alle in diesem Buch genannten Marken und Produktnamen unterliegen warenzeichen-, marken- oder patentrechtlichem Schutz bzw. sind Warenzeichen oder eingetragene Warenzeichen der jeweiligen Inhaber. Die Wiedergabe von Marken, Produktnamen, Gebrauchsnamen, Handelsnamen, Warenbezeichnungen u.s.w. in diesem Werk berechtigt auch ohne besondere Kennzeichnung nicht zu der Annahme, dass solche Namen im Sinne der Warenzeichen- und Markenschutzgesetzgebung als frei zu betrachten wären und daher von jedermann benutzt werden dürften.

Information bibliographique publiée par la Deutsche Nationalbibliothek: La Deutsche Nationalbibliothek inscrit cette publication à la Deutsche Nationalbibliografie; des données bibliographiques détaillées sont disponibles sur internet à l'adresse http://dnb.d-nb.de.
Toutes marques et noms de produits mentionnés dans ce livre demeurent sous la protection des marques, des marques déposées et des brevets, et sont des marques ou des marques déposées de leurs détenteurs respectifs. L'utilisation des marques, noms de produits, noms communs, noms commerciaux, descriptions de produits, etc, même sans qu'ils soient mentionnés de façon particulière dans ce livre ne signifie en aucune façon que ces noms peuvent être utilisés sans restriction à l'égard de la législation pour la protection des marques et des marques déposées et pourraient donc être utilisés par quiconque.

Coverbild / Photo de couverture: www.ingimage.com

Verlag / Editeur:
Éditions universitaires européennes
ist ein Imprint der / est une marque déposée de
OmniScriptum GmbH & Co. KG
Heinrich-Böcking-Str. 6-8, 66121 Saarbrücken, Deutschland / Allemagne
Email: info@editions-ue.com

Herstellung: siehe letzte Seite /
Impression: voir la dernière page
ISBN: 978-3-8416-6680-2

A mes parents,
A ma sœur,
A toute ma famille,
A tous ceux que j'aime,
Qu'ils trouvent ici l'expression de toute ma reconnaissance.

Table des matières

4

Liste des figures

Liste des tableaux

Introduction Générale

Les Systèmes de Gestion de Bases de Données relationnelles (SGBDR) sont devenus, sans conteste, le noyau de tout système informatique. Dans le cadre des BD, des valeurs imprécises peuvent apparaître dans de nombreuses situations. On peut citer la constitution d'entrepôts de données ou plus généralement la fusion de données dont les sources plus ou moins fiables apportent des informations non identiques, de bases contenant des données obtenues par des mécanismes de reconnaissance automatique délivrant des résultats intrinsèquement imprécis (reconnaissance d'images ou d'objets). Nous pouvons raisonnablement penser que dans le futur, de plus en plus d'applications vont recourir à l'utilisation de données imprécisément connues.

La diversification des applications des bases de données a montré les limites des SGBDR notamment sur le plan de la modélisation des données imprécises. Les bases de données floues permettent de remédier à ce problème en offrant cette extension.

Le stockage et la manipulation des données floues deviennent nécessaires, d'où l'importance de définir la fouille de données floues.

La fouille de données floues est l'ensemble de techniques et de méthodes du domaine des statistiques, des mathématiques et de l'informatique permettant l'extraction, à partir d'un important volume de données floues brutes, des connaissances originales auparavant inconnues. Nous allons nous intéresser dans ce mémoire à l'une des méthodes de la fouille de données floues : la classification floue.

Les méthodes de classification ont pour but de regrouper les éléments d'un ensemble de données de nature quelconque en un nombre restreint de classes. Il existe deux approches de classification ; l'approche supervisée et l'approche non supervisée.

Dans l'approche supervisée, nous connaissons les classes possibles et nous disposons d'un ensemble d'objets déjà classés, servant d'ensemble d'apprentissage. Le problème est alors d'être capable d'associer à tout nouvel objet sa classe la plus adaptée, en se servant des exemples déjà étiquetés.

Dans l'approche non supervisée (ou clustering), les classes (ou clusters) possibles ne sont pas connues à l'avance, et les exemples disponibles ne sont pas étiquetés. Le but est donc de regrouper dans un même cluster les objets considérés comme similaires, pour constituer les clusters. Une typologie des techniques de clustering peut être établie selon plusieurs points de vue différents. Nous pouvons, par exemple, distinguer les techniques automatiques de celles non automatiques, les techniques hiérarchiques de celles qui ne le sont pas, ou encore les techniques statistiques de celles qui sont floues...

Nous nous intéressons essentiellement ici aux techniques floues de clustering. Les notions de classe et de sous-ensemble flou sont, intuitivement, si intimement liées dans les mécanismes du raisonnement humain qu'on imaginerait mal la cohérence d'une méthode de classification ne faisant pas appel à l'idée de sous-ensemble flou. En effet, dans le monde réel qui nous entoure, très rares sont les situations où l'on serait capable d'effectuer une partition nette d'un ensemble d'objets en des parties disjointes, voire même aux frontières clairement établies.

Le problème majeur des méthodes de clustering est de supporter les données floues telles que les étiquettes linguistiques...

Dans ce mémoire, nous allons essayer de définir un nouvel algorithme de classification floue capable de remédier à ce problème. Ainsi il permettra d'accepter et de traiter les données imprécises.

Ce document est organisé de la manière suivante. Le **premier chapitre** sera consacré à la présentation des concepts de base des ensembles flous et des bases de données, puis à la présentation des concepts de la classification et des différentes techniques ainsi que les algorithmes les plus connus.

Le **deuxième chapitre** présente une synthèse des techniques de classification, leurs avantages et leurs inconvénients. Ensuite nous introduisons notre nouvelle approche et nous définissons un nouvel algorithme de classification des données floues FCM-BDRF qui supporte aussi bien les données crisps que floues.

Le **troisième chapitre** sera dédié à la réalisation d'un outil de clustering basé sur l'algorithme FCM-BDRF.

Dans le **quatrième chapitre**, nous effectuons une synthèse de notre travail et nous évoquons les perspectives possibles.

Chapitre 1 : Etat de l'Art

1.1 Les Base de données

Une base de données (BD) représente l'ensemble (cohérent, intégré, partagé) des informations nécessaires au fonctionnement d'une entreprise mémorisée sur un support permanent, dont la gestion est assurée par un logiciel appelé système de gestion de bases de données [1].

Plusieurs modèles ont été définis sur les BD. Un modèle peut se définir comme une représentation abstraite de l'information et éventuellement des opérateurs de manipulation de l'information. Nous citons : le modèle hiérarchique, le modèle réseau, le modèle Relationnel, le modèle Entité-Relation (E/R), le modèle Objet, le modèle Objet-Relationnel. Nous détaillons dans ce qui suit le modèle relationnel [2].

1.1.1 Le modèle relationnel

Il a été formalisé par CODD en 1970. Dans ce modèle, les données sont stockées dans des tables (relations), sans préjuger de la façon dont les informations sont stockées dans la machine. Un ensemble de données sera donc modélisé par un ensemble de tables. Le succès du modèle relationnel auprès des chercheurs, concepteurs et utilisateurs est dû à la puissance et à la simplicité de ses concepts. De plus, et contrairement à certains autres modèles, il repose sur des bases théoriques solides, notamment la logique mathématique et la théorie des ensembles [3].

- **Relation** : c'est une table avec des colonnes et des lignes.

- **Attribut** : c'est un nom attribué à une colonne d'une relation.

- **Domaine** : c'est un ensemble de valeurs que peut prendre un ou plusieurs attributs.

- **Tuple** : c'est une ligne d'une relation.

- **Degré** : le d^0 d'une relation est le nombre de ses attributs.

- **Schéma de relation** : Le schéma d'une relation R est défini par le nom de la relation et la liste des attributs avec pour chaque attribut son domaine :

R = (A1 : D1, ..., An : Dn) ou, plus simplement R(A1,A2, ..., An). Le schéma de relation est stable dans le temps.

- **Schéma de BD** : Le schéma d'une BD est l'ensemble des schémas de ses relations.

- **Cardinalité** : La cardinalité d'une relation est le nombre de tuples de la relation.

- **BD relationnelle** : collection de relations normalisées.

- **Identifiant d'une relation** : L'identifiant (aussi appelé clé) d'une relation est un ensemble minimum d'attributs de la relation, tel qu'il n'existe pas deux tuples ayant même valeur pour cet identifiant.

- **Les contraintes d'intégrité** : Le modèle relationnel comporte un certain nombre de règles permettant de garantir la cohérence des données. Ces règles sont divisées en deux catégories : les contraintes structurelles et les contraintes d'entreprise.

Le langage de manipulation de données relationnelles (LMD) est le langage SQL. C'est le langage le plus répandu du fait qu'il est la seule norme existante pour les LMD relationnels.

Définition

Le langage "Structured Query Language"(SQL) a été introduit dans les années 70 par IBM [4]. C'est un langage déclaratif, non procédural dans sa formulation, masquant assez bien le caractère algébrique des expressions. Il a une syntaxe relativement simple, mais affiche une facette de langage naturel, soit l'anglais élémentaire.

Il présente des facettes fortement intégrées peu importe le SGBD relationnel :

- LID (Langage d'Interrogation des Données), pour la définition des requêtes d'interrogation sur les données contenues dans la base.

- LDD (Langage de Définition de Données), pour la définition des tables, des contraintes   diverses et des vues relationnelles stockées dans le dictionnaire du SGBD.

- LMD (Langage de Manipulation de Données), pour la manipulation des tables et plus   précisément les manipulations des tuples de relations.

- LCD (Langage de Control de Données) pour gérer la définition physique des accès (index), la spécification des fichiers physiques et la validation des opérations exécutées dans un contexte multiposte.

Format de base d'une requête

SELECT Liste des noms d'attributs du résultat

FROM Nom d'une relation (ou de plusieurs relations)

[WHERE Condition logique qui définit les tuples du résultat]

1.2 Limites des requêtes classiques

L'interrogation classique des bases de données relationnelles (BDR) utilise une requête pour trouver des éléments satisfaisant une condition booléenne, que nous évaluons comme classiques.

Néanmoins, dans certaines applications l'utilisateur peut trouver une difficulté à caractériser d'une manière précise et claire l'information qu'il recherche, il n'exprime pas directement son besoin avec une condition booléenne, mais au contraire graduellement avec des termes imprécis.

Exemple 1.1

Soit une personne qui désire rechercher, dans une BD d'annonces, un restaurant chinois proche du centre ville avec des repas à prix abordable. Afin d'exprimer de telles préférences, cette personne peut formuler une requête flexible comportant les termes "proche" et "abordable". Il peut également exprimer le fait que le critère prix est plus important que celui de la distance.

Requête 1 : "Trouver la liste des restaurants chinois proches de son domicile pour y prendre un repas à prix abordable"

Exemple 1.2

Considérons un utilisateur qui consulte, via Internet, une BD d'offres de location de biens immobiliers. L'utilisateur souhaite, d'une part trouver un appartement de préférence dans le 16ème ou le 15ème Arrondissement de Paris ayant une surface "moyenne" et un loyer "modérée" avec une place de parking si possible. Peu importe le mode de formulation de la requête, l'utilisateur souhaite que la qualification soumise à l'évaluation soit la suivante :

16

Select * From Annonce Where ville= 'Paris' and Arrondissement in

(15,16) and Loyer 'modéré' and Surface 'moyenne' and Garage='oui'

D'autre part, l'utilisateur souhaite que ses préférences soient considérées selon l'ordre décroissant : Ville, Arrondissement, Loyer, Surface et Garage. Ainsi, les données retournées par le SGBD doivent être ordonnées et présentées à l'utilisateur selon ces préférences. Sans cette flexibilité, l'utilisateur doit affiner ces critères de recherche jusqu'à obtenir éventuellement satisfaction puisqu'il n'a pas des connaissances à priori sur les données qu'il consulte.

Pour remédier aux limites des requêtes classiques, plusieurs solutions ont été proposées. Nous parlons alors des requêtes flexibles et des bases de données relationnelles floues (BDRF).

1.3 Requêtes flexibles

Les problèmes des requêtes booléennes peuvent être résolus par une interrogation souple appelée encore flexible.

Une requête flexible est une requête qui comporte des descriptions imprécises et/ou des termes vagues qui peuvent comporter des préférences.

Les domaines d'applications de l'interrogation flexible sont très variés. L'interrogation flexible s'avère en en effet pertinente dans de nombreux contextes: pages jaunes, petites annonces, recherche d'images scéniques, recherche d'informations sur le web, interrogation de bases d'informations multimédia, interrogation de BD possibiliste et probabiliste.

1.4 Les Bases de données relationnelles floues

Dans le cadre des BD, des valeurs imprécises peuvent apparaître dans de nombreuses situations. Cela implique le stockage et la manipulation de telles informations dans des BD et donc l'extension des SGBD afin qu'ils offrent ce genre de fonctionnalités. Cette extension est basée sur les ensembles flous qui offrent un formalisme puissant et permettant la flexibilité et la gradualité dans les requêtes. Dans cette partie, nous commençons par présenter les différents modèles des bases de données relationnelles floues (BDF) puis nous nous intéressons aux travaux de Médina qui a introduit le langage FSQL basée sur le modèle GEFRED.

1.4.1 Principaux modèles de bases de données floues

Plusieurs modèles sont apparus dans la littérature, nous pouvons citer : le modèle Relationnel Flou, le modèle de Buckles-Petry , le modèle d'Umano-Fukami , le modèle de Prade-Testemale, le modèle de Zemankova-Kaendel. Nous étudions dans cette section ces modèles en signalant leurs limites. Ensuite nous détaillons le modèle GEFRED de Medina-Pons-Vila qui a pu surpasser ses limites [2].

1.4.1.1 Modèle Relationnel Flou

Le modèle de base des BD relationnelles floues (BDRF) se voit d'une forme très simple. Il consiste à ajouter un degré, habituellement dans l'intervalle [0,1], à chaque tuple. Ceci autorise à maintenir l'homogénéité des données dans la BD. Cependant, la sémantique qui est assignée à ce degré sera celle qui détermine son utilité et, par conséquent, cette sémantique sera utilisée dans les processus de consultation [2].

Plus formellement, une BD floue sera un ensemble de relations floues. Chaque relation est caractérisée par une fonction d'appartenance [2].

$$BD = \{R1, R2, ..., Rn\}$$

$$\mu_{Ri} : U_1 \times U_2 \times .... \times U_n \longrightarrow [0, 1] \text{ et } j=1...m$$

Avec U_i le domaine de l'ième attribut de la relation y $\times$ le produit Cartésien.

Les principaux inconvénients de ce modèle sont :

- Il ne permet pas de représenter l'information imprécise que nous portons sur certain attribut, en particulier de quelques entités concrètes (comme la valeur "jeune" ou "vieux" pour l'attribut "âge").

- Il assigne à chaque tuple un caractère flou de forme globale sans déterminer quelle est la participation de chaque attribut.

- Il est incapable de satisfaire les exigences du modèle relationnel relatif à l'unicité, à l'accessibilité de chaque tuple et l'implémentation de quelques opérateurs relationnels.

1.4.1.2 Modèle de Umano-Fukami

C'est l'un des premiers modèles des BDRF, il se base sur la théorie des possibilités. La différence avec les autres modèles réside dans la manière de décrire l'information floue. Il utilise comme valeur [2] :

- Les distributions de possibilité.

- Les valeurs indéterminée, inconnu et nulle avec les sémantiques suivantes :

(1) Undefined: $\pi_{A(x)}(d) = 0 \ \forall \ d \in D$, (2) Unknown: $\pi_{A(x)}(d) = 0 \ \forall \ d \in D$ et (3) Null = {1/Unknown, 1/Undefined} Avec D est l'univers de discours de A(x) et $\pi_{A(x)}(d)$ représente la possibilité que A(x) prenne la valeur u de U.

Ce modèle se divise en trois sous-ensembles et le résultat de la consultation retourne :

- Les tuples qui satisfaisaient clairement la consultation.

- Les tuples qui satisfaisaient approximativement la consultation.

- Les tuples qui ne satisfaisaient pas clairement la consultation.

L'avantage de ce modèle est qu'il peut entreposer des distributions de possibilités, comme il peut assigner un degré d'appartenance à chaque tuple de la relation.

1.4.1.3 Modèle de Prade-Testmale

Ce modèle se base sur la théorie des possibilités pour représenter les données imprécises ou incomplètes. Il permet d'incorporer les données "incomplètes" ou "imprécises" de la théorie de Possibilité. La structure de donnée est similaire à celle utilisée dans Umano-Fukami. Il utilise des mesures de possibilité et de nécessité pour la satisfaction des conditions établies dans la consultation.

Les domaines autorisés dans ce modèle sont :

- Ensemble fini de scalaires. Exemple D = {Blond, marron, roux}.

- Ensemble fini de nombre. Exemple D = {10, 11, 12}.

- Ensemble de nombres ou étiquettes flous. Exemple D = {petit, moyen, grand}.

Ces domaines peuvent prendre les valeurs suivantes :

- Une unique valeur d ∈ D parfaitement connu. Exemple âge(Ramzi)=19 ou couleur_cheveux(Med)=noir. Par contre, ce modèle ne considère pas le cas de différentes valeurs parfaitement connues (attributs multi-valués) comme par exemple langue_parlé (Med)= français et anglais.

- Une valeur nulle qui n'inclut pas la valeur inconnue et non applicable.

- Une disribution de possibilité sur le domaine de l'attribut. Par exemple, Hauteur (Ramzi) = "pas très haut", où pas très haut est un une valeur floue sur le domaine de la hauteur de l'attribut de la forme {0.8/1.60, 0.9/1.65, 1/1.70, 1/1.75, 0.8/1.80}

1.4.1.4 Modèle GEFRED de Medina et al

Le modèle GEFRED (GEneralised model for Fuzzy RElationnel Database) a été proposé en 1994 par Medina, Pons et Vila. Il constitue une synthèse éclectique des différents modèles publiés pour traiter le problème de la représentation et du traitement des informations floues au moyen des BDR.

Un des principaux avantages de ce modèle est qu'il consiste à une abstraction générale qui permet de traiter différentes approches, même celles qui peuvent paraître très disparates. Il se base sur le Domaine Flou Généralisé (D) et sur la Relation Floue Généralisée (R), qui incluent respectivement les domaines et les relations classiques. Nous présentons dans ce qui suit les concepts de base de ce modèle [2].

Définition

Si U est le domaine du discours, P(U) est l'ensemble de toutes les distributions de possibilité défini sur U, y compris celles qui définissent les types Inconnu, Indéterminé et NULL (type 8, 9 et 10 de la table). Le Domaine Flou Généralisé, est défini comme D ⊆ P(U) ∪ NULL. Le Domaine Flou Généralisé constitue l'élément structurel qui organise la représentation des types de données de la table [2].

1. Une seule valeur linguistique (Comportement = bon, représenté par la distribution de possibilité, 1/bon).

2. Un seul nombre (Âge = 28, représenté par la distribution de possibilité, 1/28).

3. Un ensemble de distributions linguistiques mutuellement exclusives (Comportement = {bon, mauvais}, représenté par {1/bon, 1/mauvais}).

4. Un ensemble de distributions numériques possibles mutuellement exclusives (Âge = {20,21}, représenté par {1/20,1/21}).

5. Une distribution de possibilité dans un domaine linguistique {Comportement = {0.6/mauvais, 0.7/normal}).

6. Une distribution de possibilité dans un domaine numérique (Âge = {0.4/23, 1.0/24, 0.8/25}, nombres flous ou étiquettes linguistiques).

7. Un nombre réel qui appartient à [0,1] référencié à un degré de réalisation (Qualité = 0.9).

8. Une valeur inconnue (UNKNOWN) avec une distribution de possibilité, UNKNOWN = {1/u : u ∈ U}.

9. Une valeur indéterminée (UNDEFINED) avec une distribution de possibilité, UNDEFINED = {0/u : u ∈ U}.

10. Une valeur nulle (NULL) donnée par NULL = {1/Unknown, 1/Undefined}.

Tableau 1.1 : Types de données dans GEFRED

21

Définition

Une Relation Floue Généralisée, R, est donné par deux ensembles "Entête"(Head H) et "Corps" (Body B), R = (H,B), définis comme ceci :

L'Entête comporte un ensemble fixe de triple "attribut-domaine-compatibilité" (en anglais "attribute-domain-compatibility") où le dernier est optionnel,

$$H = \{(A1 : D1[,C1]), (A2 : D2[,C2]), ..., (An : Dn[,Cn])\}$$

Où chaque attribut A_j a un sous domaine flou D_j (j=1,2,... n) qui n'est pas nécessairement différent aux autres et C_j est un "attribut de compatibilité" qui prend des valeurs dans l'intervalle [0,1].

Le Corps comporte un ensemble de tuples, appelés "tuples flous généralisés"(en anglais generalized fuzzy tuples), où chaque tuple est composé d'un ensemble de triple "attribut-valeur-degré" (attribute-value-degrees) où le degré est optionnel,

$$B = \{A_1 : \tilde{d}_{i1} \; [, c_{i1}]), A2 : \tilde{d}_{i2} \; [, c_{i2}]), ..., (A_n : \tilde{d}_{in}[, c_{in}])\}$$

Avec (i = 1,2..., m), et m est le nombre de tuples dans la relation et où le d_{ij} représente la valeur du domaine pour le tuple i et l'attribut A_j , et le c_{ij} est le degré de la compatibilité associé à cette valeur [5].

Le degré de compatibilité est utilisé pour savoir le degré avec lequel une valeur d'un attribut a satisfait la condition de la requête.

1.5.2 Langages de manipulation des bases de données floues

La manipulation de toute BD nécessite obligatoirement de définir un langage permettant, à partir des commandes qu'il offre, de répondre à toutes les informations demandées. Les langages qui ont introduit les concepts flous dans les BDF sont : SQLf et FSQL.

1.5.2.1 Le langage SQLf

A la base du SQL, le "standard database query language", qui offre des constructions simples et puissantes en BDR, le SQLf a été proposé par Bosc en 1995 pour remédier aux problèmes posés par le langage SQL dans les requêtes flexibles [2].

Bloc de base

La structure en trois clauses : "select", "from" et "where" du bloc de base SQL est conservée dans SQLf. La clause "from" ne subit aucune différence et les différences concernent essentiellement deux points : le calibrage du résultat qui peut se traduire par un nombre de réponses désirées (noté n) ou un seuil qualitatif (noté t) ou les deux et la nature des conditions autorisés. Par conséquent, en SQLf, la formulation du bloc de base est l'expression (E1) :

Select [distinct][n|t|n,t] <attributs> from <relations> where <condition floue>
où <condition floue> peut contenir à la fois des conditions booléennes et graduelles reliées par des connecteurs. La clause "where" peut contenir plusieurs constituants d'une condition graduelle à savoir des prédicats de base correspondants à des adjectifs ou des comparaisons utilisant un opérateur relationnel imprécis (environ, beaucoup plus ... que, etc.), des prédicats modifiés grâce aux modificateurs linguistiques (très, relativement, etc.) et des combinaisons de prédicats par l'emploi de connecteurs binaires ou n-aires.

1.5.2.2 Le langage FSQL

Le langage FSQL est une extension du SQL afin de permettre des requêtes flexibles. Cela veut dire que toutes les requêtes valides dans SQL sont aussi valides dans FSQL. Cette flexibilité vient du fait que nous pouvons introduire des attributs flous, des constantes floues, des comparateurs flous, des qualificateurs et quantificateurs flous,...

Syntaxe et sémantique du langage FSQL

Les commandes de base dans ce modèle se divisent en deux inclinaisons : le langage de manipulation de données (LMD) et le langage de définition de données (LDD).

Dans le LMD, la commande la plus utilisée et la plus complexe est la commande de consultation de données, SELECT, bien que les autres commandes tels que INSERT, DELETE et UPDATE soient aussi intéressants.

Nouveauté dans le langage FSQL

La commande SELECT est une commande forte, complexe et flexible, très facile à utiliser dans des consultations simples et assez délicate dans des consultations complexes.

Le langage FSQL incorpore également des nouveautés pour autoriser le traitement des informations imprécises. Fondamentalement, les extensions faites à cette commande sont les suivantes [2]:

a. Les étiquettes linguistiques : Si un attribut est accessible à un traitement flou, alors des étiquettes linguistiques peuvent être définies sur lui, précédées par le symbole $ pour les distinguer facilement. Nous pouvons distinguer deux types d'étiquettes :

- Etiquettes pour des attributs dans un domaine flou ordonné : chaque étiquette de ce type associe une distribution de possibilité trapézoïdale, comme il est indiqué dans la figure. Ainsi, nous pouvons définir l'étiquette \$jeune pour l'attribut âge d'une personne avec les valeurs $\alpha = 16$, $\beta = 22$, $\gamma = 32$ et $\delta = 32$ (en nombre d'année).

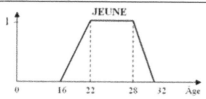

Figure 1.1 : Exemple d'étiquette linguistique pour l'attribut Âge

- Etiquettes pour des attributs dans un domaine non ordonné. Une relation de similitude est définie entre deux étiquettes de ce domaine. Le degré de similitude est dans l'intervalle [0,1]. Par exemple, pour la couleur des yeux d'une personne, nous pouvons attribuer un degré de 0.6 pour les étiquettes $châtain et $vert.

b. Les comparateurs flous : En plus des comparateurs usuels (=, >, etc.), SQLF inclut les comparateurs flous présentés dans Table. Leurs définitions sont détaillées dans la section suivante. Comme dans SQL, les comparateurs flous sont capables de comparer une colonne (ou attribut) à une constante ou deux colonnes de même type.

Les comparateurs de nécessité sont plus restrictifs que les comparateurs de possibilité, et donc leur degré de satisfaction est toujours plus petit que le degré de satisfaction obtenu par leur comparateur de possibilité correspondant. En général, les comparateurs demandent que la condition soit exécutée à un certain degré, même si ce n'est pas d'une manière complète, alors que les comparateurs de possibilité mesurent à quelle valeur (degré) c'est possible que la condition soit exécutée.

Comparateurs flous pour		Signification
La Possibilité	La Nécessité	
FEQ	NFEQ	Egalité Floue (Fuzzy EQual) (Possiblement/Nécéssairement)
FGT	NFGT	Plus Grand que floue (Fuzzy Greater Than)
FGEQ	NFGEQ	Plus Grand ou Egal que floue (Fuzzy Greater or Equal)
FLT	NFLT	Plus petit que floue (Fuzzy Less Than)
FLEQ	NFLEQ	Plus Petit ou Egal floue (Fuzzy Less or equal)
MGT	NMGT	Beaucoup Plus Grand que (Much Greater Than)
MLT	NMLT	Beaucoup Plus Petit que (Much Greater Than)

Tableau 1.2 : Les comparateurs flous de FSQL

c. Seuil de réalisation (d'exécution) (γ) : pour chaque condition simple, un seuil minimum de réalisation (1 par défaut) doit être établi, avec le format général suivant :

<condition> THOLD γ ;

indiquant que la condition doit être accomplie à un degré minimum $\in [0,1]$. Le mot réservé THOLD est facultatif et peut être substitué par un comparateur classique (=,≤,etc.), donc modifiant la signification de la requête. Le mot THOLD est équivalent au comparateur ≥.

d. La fonction CDEG (<attribut>) : Cette fonction montre une colonne avec les degrés de réalisation de l'attribut spécifié entre parenthèse. S'il y a des opérateurs logiques dans la condition, le calcul du degré de compatibilité se fait en utilisant le minimum (norme triangulaire) et le maximum (co-norme triangulaire) comme il est montré dans la table, bien que l'utilisateur puisse changer facilement cette fonction.

<condition>	CDEG(<condition>)
<cond1> AND <cond2>	min (CDEG(<cond1>), CDEG(<cond2>))
<cond1> OR <cond2>	max (CDEG(<cond1>,CDEG(<cond2>))
NOT <cond1>	1- CDEG(<cond1>)

Tableau 1.3 : La fonction CDEG dans FSQL

e. Les constantes floues : FSQL a introduit de nouvelles constantes basées sur le concept flou.

Constantes floues	Signification
UNKNOWN	Valeur inconnu mais l'attribut est applicable
UNDEFINED	L'attribut n'est pas applicable ou n'a pas de sens
NULL	Une ignorance total : nous ne connaissons rien sur lui
$[a,b,c,d]$	Trapèze flou ($a \leq b \leq c \leq d$)
$label	Etiquette linguistique : trapézoïdale ou scalaire
$[n,m]$	Intervalle "entre n et m" ($a = b = n$ et $c = d = m$)
#n	Valeur floue "Approximative" ($b = c = n$ et $n-a = d-n$ = marge)

Tableau 1.4 : Constantes floues dans FSQL

f. La condition IS : cette condition est utilisée avec le même format que dans le standard SQL, mais elle inclut les trois premiers types de constantes floues définies dans la table 1.4.

<Fuzzy_Attribute> IS [NOT] (UNKNOWN|UNDEFINED|NULL).

Si l'attribut n'est pas flou et la constante est NULLE, alors la signification d'une telle constante est différente et prend la signification donnée par le DBMS.

g. Les qualificateurs flous : Dans FSQL, les quantificateurs flous sont de deux types, absolus et relatifs [GAL 00]. Ils peuvent s'écrire avec l'une des deux formes suivantes :

$Quantificateur FUZZY[ρ] (condition floue) THOLD γ

$Quantificateur FUZZY [ρ] (condition floue1) ARE (conditionfloue2) THOLD γ

Où $Quantificateur est un quantificateur (absolu ou relatif) précédé par le symbole $ pour le distinguer des autres identificateurs.

h. Les commentaires : FSQL permet d'incorporer des commentaires dans les requêtes, afin qu'ils ne soient pas tenus dans l'analyse et dans l'exécution.

Exemple 1.3

Soit la requête "trouver les jeunes employés (avec un seuil de 0.75) qui habitent à Tunis et ayant un salaire supérieur ou égal à la distribution trapézoïdale [300,500,700,100]".

Cette requête s'écrit :

select nom, CDEG(âge), salaire from EMPLOYÉ where âge FEQ $jeune 0.75 and salaire FGEQ $[300,500,700,1000] and adresse = 'Tunis' ;

Nous remarquons que :

- Le seuil minimum est mis à 0.75 et le mot THOLD n'apparaît pas parce qu'il est facultatif. Ainsi, dans la table résultante, la colonne CDEG(âge) prend les valeurs dans l'intervalle [0.75,1].

- Puisque nous utilisons le comparateur FGEQ, le et le _ du trapézoïde ne seront pas utilisés, c.-à-d., si le salaire de l'employé est égal ou dépasse 500, le degré sera 1. Naturellement, s'il est égal ou est moins de 300, le degré sera zéro.

- Si un employé a un salaire dont la distribution de possibilité est [50,150,300,500], son degré de réalisation sera 0.5 et il n'apparaîtra pas dans le dernier résultat parce que le minimum a été mis à 0.75.

i. Comparateurs flous

Dans la littérature, plusieurs méthodes de comparaison des nombres flous ont été introduites. Elles peuvent être classées en deux catégories : celles qui utilisent une fonction de l'ensemble des nombres flous à un ensemble ordonné et celles qui utilisent des relations floues.

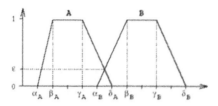

Figure 1.2: Comparaison de deux distributions de possibilités trapézoïdales

Supposons que nous voulons comparer deux distributions de possibilités A= [α_A, β_A, γ_A, δ_A] et B=[α_B, β_B, γ_B, δ_B] nous devons utiliser la fonction CDEG pour exprimer le degré de compatibilité d'une comparaison floue. Le résultat de cette comparaison doit dépendre, naturellement, du comparateur utilisé représenté dans la table.

j. Quantificateurs flous

Comme dans le modèle classique, FSQL utilise des quantificateurs qui peuvent être absolus ou relatifs.

Les quantificateurs absolus peuvent résoudre des questions sur le nombre total de tuples résultant d'une certaine consultation, en disant (ou répondant à) si ce nombre est "grand", "petit", "beaucoup", "un peu", "beaucoup",... Dans ce cas, le quantificateur dépend d'une seule quantité.

F_Comp (comparateur flou)	L'opérateur possibiliste CDEG(A F_Comp B)=	L'opérateur de nécessité CDEG(A F_Comp B)=
FEQ / NFEQ	$= \sup_{d \in U} \min(A(d), B(d))$ où U est le domaine de A et B, A(d) est le degré de possibilité pour $d \in U$ dans la distribution A.	$= \inf_{d \in U} \max(A(d), B(d))$ où U est le domaine de A et B, A(d) est le degré de possibilité pour $d \in U$ dans la distribution A
FDIF / NFDIF	= 1 CDEG(A NFEQ B)	= 1 CDEG(A FEQ B)
FGT / NFGT	$= \begin{cases} 1 & si\ \gamma_A \ge \delta_B \\ \dfrac{\delta_A \cdot \gamma_B}{(\delta_B \cdot \gamma_B) - (\gamma_A - \delta_A)} & si\ \gamma_A < \delta_B\ et\ \delta_A > \gamma_B \\ 0 & sinon \end{cases}$	$= \begin{cases} 1 & si\ \alpha_A \ge \delta_B \\ \dfrac{\beta_A \cdot \gamma_B}{(\delta_B \cdot \gamma_B) - (\alpha_A - \beta_A)} & si\ \alpha_A < \delta_B\ et\ \beta_A > \gamma_B \\ 0 & sinon \end{cases}$
FGEQ / NFGEQ	$= \begin{cases} 1 & si\ \gamma_A \ge \beta_B \\ \dfrac{\delta_A \cdot \alpha_B}{(\beta_B \cdot \alpha_B)(\gamma_A \cdot \delta_A)} & si\ \gamma_A < \beta_B\ et\ \delta_A > \alpha_B \\ 0 & sinon \end{cases}$	$= \begin{cases} 1 & si\ \alpha_A \ge \beta_B \\ \dfrac{\beta_A \cdot \alpha_B}{(\beta_B \cdot \alpha_B)(\alpha_A \cdot \beta_A)} & si\ \alpha_A < \beta_B\ et\ \beta_A > \alpha_B \\ 0 & sinon \end{cases}$
FLT / NFLT	$= \begin{cases} 1 & si\ \beta_A \le \alpha_B \\ \dfrac{\alpha_A \cdot \beta_B}{(\alpha_a - \beta_a)(\beta_A \cdot \alpha_A)} & si\ \beta_A > \alpha_B\ et\ \alpha_A < \beta_B \\ 0 & sinon \end{cases}$	$= \begin{cases} 1 & si\ \delta_A \le \alpha_B \\ \dfrac{\gamma_A \cdot \beta_B}{(\alpha_a - \beta_a)(\delta_A \cdot \gamma_A)} & si\ \delta_A > \alpha_B\ et\ \gamma_A < \beta_B \\ 0 & sinon \end{cases}$
FLEQ / NFLEQ	$= \begin{cases} 1 & si\ \beta_A \le \gamma_B \\ \dfrac{\delta_B \cdot \alpha_A}{(\beta_A \cdot \alpha_A)(\gamma_B \cdot \delta_B)} & si\ \beta_A > \gamma_B\ et\ \alpha_A < \delta_B \\ 0 & sinon \end{cases}$	$= \begin{cases} 1 & si\ \alpha_A \le \gamma_B \\ \dfrac{\gamma_A \cdot \delta_B}{(\gamma_B \cdot \delta_B)(\delta_A \cdot \gamma_A)} & si\ \delta_A > \gamma_B\ et\ \gamma_A < \delta_B \\ 0 & sinon \end{cases}$
MGT / NMGT	$= \begin{cases} 1 & si\ \gamma_A \ge \delta_B + M \\ \dfrac{\gamma_B + M \cdot \delta_A}{(\beta_A \cdot \alpha_A)(\gamma_B \cdot \delta_B)} & si\ \gamma_A < \gamma_B + M\ et\ \delta_A > \gamma_B + M \\ 0 & sinon \end{cases}$	$= \begin{cases} 1 & si\ \gamma_A \ge \delta_B + M \\ \dfrac{\gamma_B + M \cdot \delta_A}{(\alpha_A \cdot \beta_A)(\delta_B \cdot \gamma_B)} & si\ \alpha_A < \gamma_B + M\ et\ \beta_A > \gamma_B + M \\ 0 & sinon \end{cases}$
MLT / NMLT	$= \begin{cases} 1 & si\ \beta_A \le \alpha_B \cdot M \\ \dfrac{\beta_B \cdot M \cdot \alpha_A}{(\beta_A \cdot \alpha_A)(\alpha_B \cdot \beta_B)} & si\ \beta_A > \alpha_B \cdot M\ et\ \alpha_A < \beta_B \cdot M \\ 0 & sinon \end{cases}$	$= \begin{cases} 1 & si\ \delta_A \le \alpha_B \cdot M \\ \dfrac{\beta_B \cdot M \cdot \gamma_A}{(\delta_A \cdot \gamma_A)(\alpha_B \cdot \beta_B)} & si\ \delta_A > \alpha_B \cdot M\ et\ \gamma_A < \beta_B \cdot M \\ 0 & sinon \end{cases}$

Tableau 1.5 : Définition des comparateurs flous dans la famille de Possibilité/Nécessité utilisant deux distributions de possibilité trapézoïdales

Les quantificateurs relatifs peuvent résoudre des questions dans lesquelles la vérité du quantificateur dépend de deux quantités. Ce type de quantificateurs est utilisé dans les expressions comme "la majorité", "la minorité", "approximativement la moitié",...

Les quantificateurs flous absolus se représentent comme des distributions de possibilité trapézoïdale dans l'intervalle [0,+ ∞] et les relatifs comme des distributions de possibilité dans l'intervalle [0,1]. C'est-à-dire, un quantificateur Q est représenté comme une fonction Q dont le domaine dépend de son type, si c'est absolu ou relatif :

$Q_{abs} : R^+ \longrightarrow [0, 1]$

$Q_{rel} : [0, 1] \longrightarrow [0, 1]$

Les quantificateurs flous (absolu ou relatif) peuvent être représentés comme des distributions de possibilité trapézoïdales. En plus, les quantificateurs peuvent être utilisés dans deux familles d'expressions, où Q est le Quantificateur et A et B sont des prédicats (condition flous ou non) :

- "Q éléments de l'ensemble X qui complètent A" : par exemple, "la majorité des joueurs de l'équipe X sont très bons".

- "Q éléments de l'ensemble X qui complètent B complètent aussi A" : par exemple, "la majorité des joueurs de l'équipe X qui sont grands sont aussi très bons".

Exemple 1.4

Sélectionner les équipes du basket-ball dans lesquelles la majorité (avec un seuil minimum de 0.5) de leurs joueurs sont grands et aussi très bons (avec les seuils 0.75).

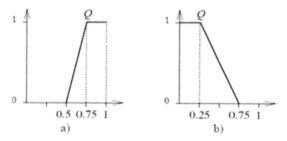

Figure 1.3 : Quantificateurs flous relatifs

select Equipe, CDEG(*)

from Joueurs

group by Equipe

having $ la_majorité (hauteur FEQ $ grand 0.75)

and (Qualité FEQ $ très-bonne 0.75) THOLD 0.5 ;

Le langage FSQL étend les commandes LDD déjà existantes dans SQL, mais il incorpore aussi d'autres nouvelles commandes. L'architecture où le langage FSQL va être exécuté distingue dans la définition des données trois types d'attributs. Cette classification est inspirée du modèle GEFRED.

Le modèle GEFRED permet la représentation de plusieurs types d'attributs flous, nous citons comme exemple [6] :

Attributs flous de Type 1 (FTYPE1) : ces attributs sont des "données précises" (classiques, sans imprécision) qui peuvent avoir des étiquettes linguistiques définies sur eux. Les attributs flous de Type 1 reçoivent une représentation égale aux données précises, mais ceux-ci peuvent être utilisés dans des conditions floues, c'est-à-dire, en utilisant des comparateurs flous, constants flous, etc. Ces attributs n'autorisent pas d'entreposer des valeurs floues. Par exemple, le salaire est faible.

Attributs flous de Type 2 (FTYPE2) : ces attributs sont des "données précises et des données imprécises sur référentiel ordonné". Ces attributs admettent des données classiques comme floues, sous forme de distributions de possibilité sur un domaine sous-jacent ordonné. Ce sont une extension du type 1, autorisant le stockage des informations imprécises. Par exemple, l'attribut "âge" peut avoir les étiquettes linguistiques {"jeune", "adulte", "vieux"}, définies sur un ensemble entre 15 ans et 80ans.

Types de valeurs	Attributs de la BD pour chaque type 2				
	FT	F1	F2	F3	F4
UNKNOWN (inconnu)	0	NULL	NULL	NULL	NULL
UNDEFINED (indéterminé)	1	NULL	NULL	NULL	NULL
NULL (nul)	2	NULL	NULL	NULL	NULL
CRISP (exacte)	3	d	NULL	NULL	NULL
LABEL (étiquette)	4	FUZZY_ID	NULL	NULL	NULL
INTERVAL (intervalle)	5	n	NULL	NULL	m
APPROXIMATELY (approximative)	6	d	d-marge	d+marge	marge
TRAPEZE $[\alpha,\beta,\gamma,\delta]$ (trapèze)	7	α	$\beta - \alpha$	$\gamma - \delta$	δ

Tableau 1.6 : Représentation interne des attributs flous de type 2

Ainsi, nous remarquons qu'un attribut flou de Type 2, appelé par exemple F, est composé, en réalité, par 5 attributs classiques :

- **FT** : entrepose le type de la valeur que peut prendre l'attribut en question. D'après ce qui est vu, ce peut être : 0 pour UNKNOWN, 1 pour UNDEFINED,... La lettre T est ajoutée au nom de l'attribut.

- **F1, F2, F3 et F4** : les attributs dont le nom est formé par l'addition (concaténation) des nombres 1, 2, 3 et 4 au nom de l'attribut sauvegardant la description des paramètres qui définissent les données et qui dépendent du type de la valeur (FT) à qui ils appartiennent :

- **UNKNOWN, UNDEFINED, NULL** : ces 3 valeurs n'ont pas besoin de paramètre, pour cela elles reçoivent tous NULL (cette valeur est comprise comme le NULL du SGBD et non pas comme le NULL de la valeur floue).

- **CRISP (exacte)** : une valeur de type exacte a besoin d'un seul paramètre, F1, dans lequel la valeur exacte en question sera entreposée.

- LABEL (étiquette) : également, une valeur de type étiquette nécessite seulement un paramètre pour entreposer l'identificateur associé à cette étiquette (FUZZY_ID).

- INTERVAL (intervalle) : nécessite les deux extrémités de l'intervalle [n,m] pour être entreposé respectivement dans F1 et F4.

- APPROXIMATELY (approximative) : cette valeur nécessite seulement la valeur entreposée dans F1 qui correspond à la valeur centrale de la distribution de possibilité triangulaire, n. Cependant, pour réduire les opérations (autant mathématiques comme l'accès aux données), utilisant les attributs F2, F3 et F4, nous entreposons respectivement la valeur de n-marge, n+marge et marge.

- TRAPEZE (trapèze) : nécessite d'entreposer les 4 valeurs qui identifient un trapèze : [α, β, γ, δ]. Dans F2 et F3 quelques opérations sont entreposées pour simplifier les équations utilisant ce type de données.

Attributs flous de Type 3 (FTYPE3) : ce sont les attributs du "domaine discret non ordonné avec ressemblance". Ces attributs prennent des valeurs linguistiques simples (SIMPLE) ou des distributions de possibilité (DISTR. POS.) sur les domaines linguistiques, comme par exemple, la valeur {0.8/Tunis, 0.2/Sfax} qui exprime qu'une ville est plus possible être proche de Tunis que Sfax. Ils acceptent aussi les données UNKNOWN, UNDEFINED et NULL.

Types de valeurs	Attributs de la BD pour chaque type 3					
	FT	FP1	F1		FPn	Fn
UNKNOWN (inconnu)	0	NULL	NULL	. . .	NULL	NULL
UNDEFINED (indéterminé)	1	NULL	NULL	. . .	NULL	NULL
NULL (nul)	2	NULL	NULL	. . .	NULL	NULL
SIMPLE	3	P	d	. . .	NULL	NULL
DISTR. POS.	4	p1	d1	. . .	pn	dn

Tableau 1.7 : Représentation interne des attributs flous type 3

Comme nous voyons, un attribut flou type 3, appelé par exemple F, est composé, en fait, par un nombre variable d'attributs classiques :

- FT : le type de valeur qui correspond à la donnée qui va être sauvegardée. Il peut être : UNKNOWN (0), UNDEFINED (1), NULL (2), SIMPLE (3) et DISTRIBUTION de POSSIBILITE (4).

- Liste de n paires, avec $n \geq 1$, de type (valeur de possibilité, étiquette), (FP1,F1), ... ,(FPn,Fn) : dans ces attributs, se sauvegardent les données de la distribution de possibilité. Dans une valeur de type SIMPLE seulement le premier couple est utilisé et la valeur de possibilité sera 1 (pour être normalisé).

Dans une valeur du type DISTR. POS, nous pouvons entreposer jusqu'à n paires, dans chacune d'elles la valeur de possibilité sera dans l'intervalle [0,1]. Nous pouvons utiliser moins de n paires en initialisant le reste des champs à NULL.

Les principales commandes LDD de FSQL sont [2] :

CREATE TABLE : cette commande permet de créer une table. Son format est semblable à celui de SQL mais elle permet de définir des types de données et des restrictions floues.

C'est la phrase qui inclut plus de nouvelles:

- Type de Données floues : Il peut être l'un des 3 attributs flous type1 (FTYPE1 ou CRISP), type2 (FTYPE2 ou POSSIBILISTIC) et type3 (FTYPE3 ou SCALAR).

- Sous consultation, constantes, conditions et expressions floues.

- Restrictions de colonne : Dans cette partie, plusieurs restrictions peuvent être imposées, ainsi que ceux qui existent déjà pour les attributs classiques (NOT NULL, NOT UNDEFINED, NOT UNKNOWN, NOT LABEL, NOT CRISP, NOT TRAPEZOID, NOT INTERVAL, NOT APPROX, ONLY LABEL, ONLY LABEL OR UNKNOWN, CHECK).

CREATE LABEL : c'est une nouvelle commande, exclusive de FSQL, qui sert à créer (autoriser) des étiquettes dans le domaine d'un attribut flou concret. Elle possède deux formats, dont le plus utilisé est :

CREATE LABEL nom_étiquette ON [schema.]table.attribut VALUES alfa, beta, gamma, delta ;

Exemple 1.5

CREATE LABEL jeune ON EMPLOYÉ.Âge VALUES 18,22,30,35 ;

CREATE NEARNESS : c'est une nouvelle commande, spécifique de FSQL, qui sert à créer des étiquettes pour les attributs flous Type 3. Avec cette commande toutes les étiquettes qui vont appartenir à l'attribut devraient être définies avec le rapport (degré) de ressemblance entre elles. Son format est :

CREATE NEARNESS ON [schema.]table.attribut LABEL liste_des_etiquettes VALUES liste_des_similitudes ;

Exemple 1.6

CREATE NEARNESS ON EMPLOYÉ.Rendement LABELS Mauvais, Régulier, Bon, Excellent VALUES .8, .5, .1,

.7, .5,

.8 ;

ALTER TABLE : ce sont des commandes pour modifier une table déjà créée. Son format est semblable à celui de SQL mais elle permet de définir des types de données et des restrictions floues.

ALTER LABEL : c'est une commande exclusive à FSQL pour modifier une étiquette d'un attribut flou de types 1 ou 2. Son format est semblable à celui de CREATE LABEL en changeant le mot réservé CREATE par ALTER .

ALTER NEARNESS : c'est une commande exclusive de FSQL pour modifier les étiquettes d'un attribut flou Type 3 et/ou leurs degrés de ressemblance.

DROP TABLE: c'est une commande pour effacer une table (floue ou non). Son format est identique à celle dans SQL.

DROP LABEL : c'est une commande exclusive de FSQL qui sert à effacer une ou toutes les étiquettes définie(s) sur un attribut flou de type 1 ou 2.

DROP NEARNESS : c'est une commande exclusive de FSQL qui sert à effacer les étiquettes floues de type 3.

1.6 La découverte de connaissances dans les données

La découverte de connaissances dans les données (Knowledge Discovery in Databases ou KDD) est un processus réalisé sur les grandes quantités de données visant l'établissement de modèles, eux-mêmes sources de connaissances. Le processus complet de la KDD comprend les étapes suivantes [7].

1. Collecte d'informations ;

2. Organisation de ces informations dans une base ou entrepôt de données ;

3. Elimination des éléments sans valeur ou ayant une valeur invalide ;

4. Normalisation de la structure ;

5. Sélection des attributs utiles ;

6. Fouille de données durant laquelle on établit un modèle ;

7. Extraction de la connaissance à partir de ce modèle.

Le processus de la KDD est résumé sur la figure :

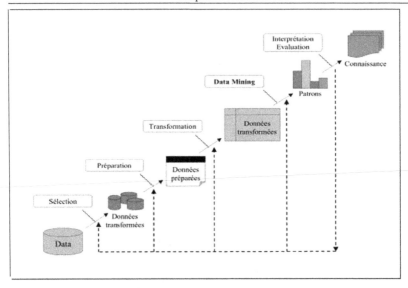

Figure 1.4: Etapes de découverte de connaissances dans les données

1.7 La fouille de données

Nous définissons dans cette partie la fouille de données (FDD) ainsi que ses différentes applications.

1.7.1 Définition

La fouille de données consiste à rechercher et extraire de l'information utile et inconnue de gros volumes de données stockées dans des bases ou des entrepôts de données. Ca processus a vu le jour dans le but de dégager des ressemblances entre des données et d'en déduire les connaissances recherchées en créant un modèle de données.

Le développement récent de la FDD depuis le début des années 1990 est lié à plusieurs facteurs : la puissance des nouvelles machines, l'augmentation du volume des bases de données, le développement des réseaux qui offrent d'importants débits et des possibilités de travail distribué. N'oublions pas aussi que ce domaine est à la confluence de différents domaines: bases de données, statistiques et intelligence artificielle. La fouille de données produit des concepts qui montrent les relations dans les données et groupent des éléments en se basant sur leur ressemblance [8].

1.7.2 Applications de la fouille de données

La FDD a aujourd'hui une grande importance économique du fait qu'elle permet d'optimiser des ressources humaines et matérielles. Elle est utilisée dans:

- Le diagnostic médical : « les patients ayant tels et tels symptômes et demeurant dans des agglomérations de plus de 104 habitants développent couramment telle pathologie ».

- L'organisation de campagne de publicité, promotions, ... (ciblage des offres).

- Les moteurs de recherche sur internet : fouille du web.

- L'extraction d'information depuis des textes : fouille de textes.

- L'évolution dans le temps de données : fouille de séquences.

- L'optimisation du nombre de places dans les avions, hôtels, ... (surréservation).

- L'organisation des rayonnages dans les supermarchés en regroupant les produits qui sont généralement achetés ensemble.

1.8 La classification : Principe, Définition et Typologie

L'organisation des grandes masses de données est un enjeu stratégique pour la prise de décision et la prédiction. Ce problème complexe est désigné par classification. Avec cette méthode, il devient primordial d'aider les utilisateurs à accéder efficacement à une grande quantité de données. Nous présentons dans cette section le principe de la classification ainsi que ses types, ses techniques et ses domaines d'application.

1.8.1 Principe et Définition

Le problème de la classification en général se résume en la construction d'une procédure permettant d'associer un objet à un groupe (ou classe). La qualité de la classification peut être jugée sur la base des deux critères suivants : le premier suppose que les classes générées doivent être les plus différentes possibles les unes des autres vis-à-vis de certaines caractéristiques, et le second insiste que chaque classe doit être la plus homogène possible vis-à-vis de ces caractéristiques [9].

Définition

Soit $X = \{xi : i = 1,..., N\} \subset R^M$ un ensemble de N vecteur de données. Chaque vecteur $x_i = \{x_i^1,...,x_i^M\}$ possède M composantes. La procédure de classification consiste à regrouper les N vecteurs de X en c classes formant ainsi le vecteur $V = \{v_j : j = 1,...,c\} \subset R^M$.

Exemple 1.6

Soit un ensemble d'employés à classer selon les caractéristiques âge et salaire. L'ensemble des données est schématisé sur la figure 1.5.a Notre but est de classifier ces données: c'est-à-dire, définir des groupes homogènes : les éléments d'un groupe doivent vérifier des caractéristiques assez proches (âge et salaire). La figure 1.5.b présente un exemple de groupes obtenus par une procédure de classification. Nous remarquons qu'on a obtenu trois groupes homogènes.

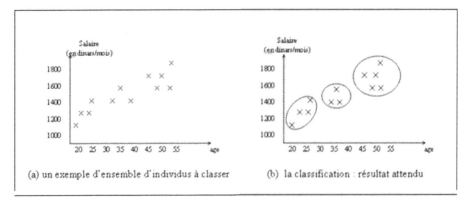

(a) un exemple d'ensemble d'individus à classer   (b) la classification : résultat attendu

Figure 1.5 : Résultat d'une procédure de classification

1.8.2 Typologie des méthodes de classification

Une typologie des méthodes de classification peut être établie selon deux points de vue différents. Nous pouvons distinguer les méthodes de classification supervisées de celles non supervisées ou méthodes de clustering.

Classification supervisée

Dans les méthodes de classification supervisées, nous connaissons les classes possibles et nous disposons d'un ensemble d'objets déjà classés, servant d'ensemble d'apprentissage. Le problème est alors d'être capable d'associer tout nouvel objet à sa classe la plus adaptée, en se servant des exemples déjà étiquetés. Plusieurs méthodes ont étés adoptées pour la classification supervisée telles que les réseaux de neurones qui représentent une technique de modélisation basée sur le modèle du neurone humain. Les réseaux de neurones sont utilisés pour prédire des sorties à partir de certaines entrées moyennant une fonction d'activation. On cite aussi les arbres de décision qui représentent un ensemble de règles hiérarchiques menant à une classe ou une valeur.

Classification non supervisée ou clustering

Dans les méthodes de classification non supervisée ou clustering, les classes (clusters) possibles ne sont pas connues à l'avance, et les exemples disponibles ne sont pas étiquetés. Le but est donc de regrouper dans un même cluster les objets considérés comme similaires, pour constituer les clusters. Dans ces méthodes de classification, on peut distinguer les méthodes hiérarchiques de celles qui ne le sont pas et aussi les méthodes floues de celles qui sont classiques ou crisp. Cependant, dans la pratique, nous ne disposons pas à priori d'informations sur les données de la base sur laquelle on travaille, pour ceci, nous nous sommes intéressés aux méthodes de clustering.

1.8.3 Domaines d'application et techniques de clustering

Dans ce qui suit, nous présentons les domaines d'application ainsi que les différentes techniques de clustering.

Domaines d'application

Les méthodes de clustering prouvent leurs utilités dans beaucoup de domaines, tels que, les mathématiques, l'informatique, les statistiques, la biologie et les sciences économiques.

A titre d'exemples, nous présentons les domaines d'applications du clustering suivants :

- Dans les affaires, les méthodes de clustering sont utilisées dans la découverte des groupes de clients distincts et dans la caractérisation de ces groupes en se basant sur des modèles d'achats;

- En biologie, l'analyse de clusters est utilisée pour dériver la taxonomie de plantes et d'animaux, caractériser les gènes qui présentent une similarité de propriétés et de mieux focaliser sur l'héritage de structure dans une population;

- En géographie, le clustering sert dans l'identification des surfaces similaires de terres dans une base de données d'observation de la planète ;

- En assurance, l'analyse de clustering est utilisée pour identifier les personnes ayant une assurance automobile avec un coût moyen élevé de réclamation, aussi bien que pour identifier des groupes de maisons dans une ville selon le type, la valeur, et l'emplacement géographique;

- Dans le WEB, l'analyse des résultats du clustering aide à regrouper les documents sur le web pour la recherche documentaire;

- Pour la recherche d'informations (Information Retrieval : IR), le clustering est largement utilisé pour améliorer le processus de recherche d'informations.

Techniques de Clustering

Dans cette section, nous passons en revue les principales techniques de clustering existantes. Nous distinguons trois grandes familles de clustering [10] :

- **Le clustering hiérarchique**, dont le but est de construire, pas à pas, une hiérarchie ascendante ou descendante à partir de l'ensemble des données en se basant sur une mesure de distance;

- **Le clustering par partitionnement**, dont le but est de regrouper un ensemble de données dans différents clusters homogènes, tout en veillant à ce que les données de chaque sous-ensemble partagent des caractéristiques communes, qui correspondent le plus souvent à des critères de proximité que nous définissons en introduisant des mesures de distance ;

- **D'autres méthodes** telles que le clustering basé sur la densité, celui basé sur les grilles et enfin le clustering basé sur les modèles.

Plusieurs propriétés peuvent être associées aux différentes techniques de clustering :

- **Ascendant ou descendant**: une méthode ascendante va démarrer avec autant de clusters que d'objets, puis va concaténer successivement les clusters jusqu'à ce qu'un critère d'arrêt soit satisfait. A l'inverse, une méthode descendante va démarrer avec un cluster réunissant tous les objets, puis va diviser les clusters jusqu'à ce qu'un critère d'arrêt soit satisfait ;

- **Crisp ou Flou** : comme indiqué précédemment, une méthode crisp ou hard va associer chaque objet à un unique cluster, alors qu'une méthode floue ou graduelle va associer chaque objet à chaque cluster avec un degré d'appartenance. A noter qu'un clustering flou peut être converti en clustering crisp, en assignant chaque donnée au cluster dont la mesure d'appartenance est la plus forte.

Ces deux techniques fonctionnent à partir de la notion de distance entre les objets à classer.

Afin d'utiliser une matrice de distances comme entrée à ces techniques, il faut donc veiller à ce que les valeurs des liens définissent bien une distance au sens mathématique. Rappelons que les propriétés d'une distance sont les suivantes :

- $d(x, y \geq 0$ (la positivité) ;

- $d(x, y) = 0$ si et seulement si $x = y$ (identité) ;

- $d(x, y) = d(y, x)$ (symétrie) ;

- $d(x, z) \leq d(x, y) + d(y, z)$ (inégalité triangulaire).

Nous détaillerons dans la suite les techniques hiérarchiques et celles de partitionnement tout en spécifiant les avantages et limites de chacune d'entre elles.

Clustering Hiérarchique

Le clustering hiérarchique ascendant se présente comme une succession de partitions emboîtées. Le principe de la construction est d'élaborer, pas à pas, une suite de partitions emboîtées depuis la partition la plus fine (formée des N objets singletons x_i : $i = 1,...,N$) jusqu'à la partition la plus grossière X. Nous commençons par agréger les deux objets les plus proches, il ne reste donc plus que N 1 objets (les deux premiers objets regroupés sont considérés comme un nouvel élément ou objet), et nous itérons cette opération jusqu'à ce que tous les éléments soient traités. Nous décrirons les étapes du clustering hiérarchique en adoptant la stratégie ascendante [11]:

Début

Etape 1 : Trouver les similarités entre les paires d'objets

Etape 2 : Grouper les objets sous la forme d'un arbre, ceci est réalisé en considérant chaque élément dans un cluster et regrouper les deux clusters les plus proches au sens d'une distance

Etape 3 : Déterminer la coupe d'arbre en définissant le nombre de classes souhaité

Fin

La figure suivante illustre un exemple de technique de clustering hiérarchique. Dans ce cas, on souhaite classifier un ensemble d'étudiants selon leurs moyennes.

Dans cette figure, nous visualisons les Partitions emboîtées d'un ensemble X à 6 éléments $\{E1, E2, E3, E4, E5, E6\}$. Chaque élément représente la moyenne de chaque étudiant.

En couplant l'arbre par une droite horizontale, on obtient une partition d'autant plus fine que la section est proche des éléments terminaux. Généralement, la coupe est définie comme étant le nombre désiré des clusters. Dans cet exemple, la coupe est située au milieu, ce qui donne quatre majeures partions : l'ensemble $\{E5, E6\}$, l'ensemble $\{E1, E2\}$, l'ensemble $\{E4\}$ et finalement l'ensemble $\{E3\}$.

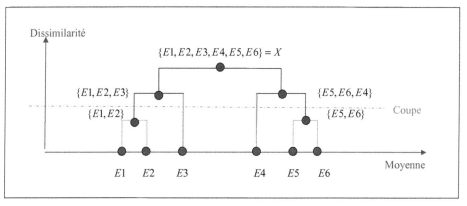

Figure 1.6 : Exemple du clustering hiérarchique ascendant

Cependant, l'inconvénient avec une telle approche est la détermination du seuil de la coupe, ainsi que l'absence de chevauchement des classes. Un objet peut être proche numériquement de deux objets appartenant à deux clusters différents. Dans cet exemple, ce cas est impossible car un objet est affecté à un seul cluster. Pour remédier à ce problème, nous proposons de focaliser sur un autre type de clustering qui est le partitionnement.

Clustering par Partitionnement

Après avoir abordé les techniques de clustering hiérarchique, nous entamons les techniques de clustering par partitionnement qui débutent souvent par l'initialisation d'une partition et l'optimisation d'un certain critère appelé fonction objective. Cette approche optimise cette fonction mesurant la qualité des clusters, définie soit localement ou à l'intérieur d'un cluster ou globalement ou sur toutes les partitions. Généralement, les techniques de clustering par partitionnement commencent par affecter les N objets à c clusters. Et puis elles utilisent des techniques d'allocations itératives pour améliorer le partitionnement par la modification de la localisation des objets d'un cluster à un autre. Deux propriétés peuvent être associées à ce type de méthode : le partitionnement crisp ou hard et celui qui est flou ou graduel. Nous expliquerons dans la suite le principe de chaque catégorie en abordant leurs fondements mathématiques.

Partitionnement Crisp

Le partitionnement crisp se base sur la mesure de l'erreur quadratique. En effet, l'erreur quadratique est l'un des critères les plus intuitifs et qui est fréquemment utilisé dans les techniques de partitionnement crisp. Ce critère est défini comme suit : Etant donné un ensemble de données X et un clustering L avec C clusters, l'erreur quadratique est exprimée par la formule suivante [12]:

$$e^e(X,L) = \sum_{j=1}^{C} \sum_{i=1}^{Nj} \left\| x_i^{(j)} - v_j \right\|^2$$

46

$x_i^{(j)}$ est la i $\textit{ème}$ donnée appartenant au j $\textit{ème}$ cluster, N_j est le nombre d'objets dans le j $\textit{ème}$ cluster et v_j est le centre du j $\textit{ème}$ cluster. Un des algorithmes se basant sur la minimisation de cette erreur quadratique est le C-moyennes (C-means). Ce dernier est considéré comme étant l'un des algorithmes les plus simples qui permettent le clustering. Le processus suit une simple méthode pour classer un ensemble donné d'exemples dans un nombre fini de clusters (soit C clusters) fixé a priori. L'idée est de définir C centres, un pour chaque cluster. Le meilleur choix est de les placer le plus loin possible l'un de l'autre.

L'algorithme se déroule en suivant les étapes suivantes [13] :

Début

Etape 1 : Placer C exemples dans l'espace représenté par les objets en cours de clustering, ces points représentent le groupe initial des centres

Etape 2 : Affecter chaque objet au cluster de plus proche centre

Etape 3 : Quand tous les objets sont affectés, recalculer les positions des C centres

Etape 4 : Répéter l'étape 2 et 3 jusqu'à que les centres ne changent plus, ça crée une séparation des objets en

des groupes desquels une minimisation de mesure peut être faite

Fin

Cet algorithme est schématisé sur la figure 1.7 :

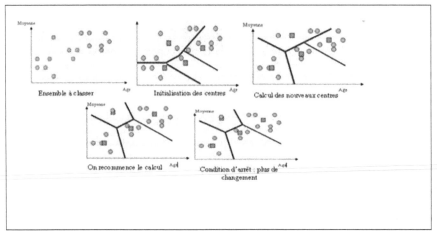

Figure 1.7: Etapes de l'algorithme C-moyennes

Cet algorithme est simple, compréhensible et les éléments sont affectés automatiquement aux clusters. Malgré sa simplicité, l'algorithme dépend des paramètres de départ tel que le nombre de clusters. Comme pour la clustering hiérarchique, notons qu'avec l'approche crisp du clustering par partitionnement, un objet ne peut appartenir qu'à un seul cluster, ce qui n'est pas pertinent dans le cas réel. Effectivement, un objet peut appartenir à un ou plusieurs clusters. Ceci nous amène à migrer vers l'approche floue du clustering.

Partitionnement flou

Nous avons avancé que le partitionnement crisp génère des clusters. Un objet ne peut appartenir qu'à un seul cluster. Le partitionnement flou étend ce rapport à chacun des objets à chaque cluster en introduisant le concept d'adhésion. Le résultat du clustering flou est un ensemble de clusters qui se chevauchent. Sur la figure 1.8, nous présentons le résultat d'un processus de clustering flou [14].

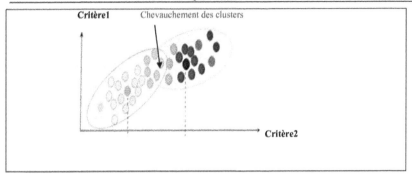

Figure 1.8 : Résultat d'un clustering flou

Lors de travaux sur les ensembles flous, ont été définis des critères pour détecter la présence de clusters compacts et séparables au sein d'un ensemble d'objets. Bezdek introduit une famille d'algorithmes connue sous le nom de C-moyennes flou (Fuzzy C-means ou FCM). L'algorithme C-moyennes flou est un algorithme de classification floue fondé sur l'optimisation d'un critère quadratique de classification où chaque classe est représentée par son centre de gravité. Nous introduirons dans la suite la fonction d'erreur quadratique, qui est la base de la plupart des algorithmes de clustering flou et nous présentons l'algorithme FCM.

Nous définissons la fonction d'erreur quadratique comme suit [11]:

Etant donné un ensemble X de n objets, une partition floue est définie par une matrice n x C μ=(μki), avec μki représente le degré d'appartenance d'un objet Xk à un cluster . μki appartient à l'intervalle [0.1], la fonction d'erreur quadratique floue est décrite par la fonction suivante :

$$e^{e}(X,L) = \sum_{i=1}^{N} \sum_{j=1}^{C} \mu^{m}_{ij} \left\| x_i^{(j)} - v_j \right\|^2$$

Où m désigne le degré flou. Le plus souvent cette valeur est prise comme étant égale à 2.

Pour minimiser la fonction d'erreur, les centres des groupes v_j et la matrice d'appartenance U sont calculés par les deux formules suivantes [15] :

$$u_{ij} = \begin{cases} \left(\sum_{k=1}^{c} \left(\dfrac{\|x_i - v_j\|}{\|x_i - v_k\|} \right)^{\frac{2}{m-1}} \right)^{-1} & if \ \|x_i - v_k\| \succ 0, \\ \forall k \\ 1 & if \ \|x_i - v_j\| = 0 \\ 0 & if \ \exists k \neq j \ \|x_i - v_k\| = 0 \end{cases} \quad \text{pour } i = 1,\ldots, N \text{ et } j = 1,\ldots, c$$

(1.1)

$$v_j = \frac{\sum_{i=1}^{N} u_{ij}^m x_i}{\sum_{i=1}^{N} u_{ij}^m}, \ j = 1,\ldots, c. \quad (1.2)$$

L'algorithme FCM suit les étapes suivantes :

Début

Etape 1 : Introduire le nombre de groupes c et l'indice flou m ;

Etape 2 : Initialiser les centres des groupes v_j^0 (j = 1, 2,..., c) ;

Etape 3 : Calculer μ_{ij} (i = 1,2,..., N ; j = 1,2,..., c) en utilisant l'équation 1.1;

Etape 4 : Calculer v_j^1 (j = 1, 2,..., c) en utilisant l'équation 1.2;

Etape 5 : Si max $(\| v_j^0 - vj^1 \|) / \| vj^1 \|)^) \leq \varepsilon$ aller à l'étape 6 ;

Sinon faire $v_j^0 = vj^1$ (j = 1, 2,..., c) et aller à l'étape 3 ;

Etape 6 : Afficher le résultat ; les centres des groupes et la matrice d'appartenance ;

Etape 7 : Stop.

Fin

Algorithme C-moyennes flou

Cet algorithme est source de nouvelles opérations telles que :

- Le recouvrement entre clusters ;

- Le calcul de l'appartenance floue de valeur [0,1] plutôt que {0,1} dans le cas classique, des éléments aux clusters ;

- Le paramétrage possible du degré de flou m.

Définition

Soit $V = \{v_j : j = 1,...,c\} \subset R^M$ les centres des clusters générés pour l'ensemble des données $X = \{x_i : i = 1,..., N\} \subset R^M$. Nous définissons **la coupe**, noté α -*Coupe* sur la matrice d'appartenance U comme étant l'inverse du nombre de clusters obtenu. Elle est donnée par l'équation suivante :

$$\alpha - Coupe(U) = (c)^{-1}$$

1.8.4 Outils de classification

En raison de l'importance de la classification et la diversité de ses applications, des outils de classification ont été mis au point. On en cite WEKA qui est développé en Java et formé de plusieurs plateformes. On cite également ORANGE qui est développé en C++ et qui réalise les tâches de prétraitements et SIPINA qui a été spécialement conçu pour la classification par arbres de décision [16].

Discussion

Il résulte de ce qui précède que malgré la performance des algorithmes de classification, certaines lacunes subsistent. En effet, l'inconvénient majeur des algorithmes de classification cités précédemment est qu'ils ne permettent pas de traiter des données floues.

Il faut donc réfléchir dés à présent à une solution pour remédier à ce problème. Nous proposons dans le cadre de ce travail de définir un nouvel algorithme de classification floue qui supporte aussi bien les données crisp que floues.

Chapitre 2 : Principales Contributions de Notre Nouvelle Approche

Introduction

Les BDRF connaissent de nos jours un succès important puisqu'elles permettent de remédier aux problèmes des BDR : le premier problème est que l'interrogation retourne un résultat tout ou rien du tout. Cette interrogation pose un problème pour certaines applications. En effet, l'utilisateur doit connaître tous les détails sur le schéma et sur les données de la BD.

Le deuxième problème est que l'interrogation booléenne ne permet pas à l'utilisateur ni d'utiliser des termes linguistiques vagues et imprécis dans les critères de qualification des données recherchées ni d'exprimer des préférences entre ces critères, ce qui est souvent une demande légitime des utilisateurs.

Les BDRF répondent aux exigences de l'utilisateur à savoir le stockage et la manipulation des données floues permettant ainsi la flexibilité dans les requêtes et la représentation appropriée du monde réel.

Exemple 2.1

Pour illustrer ces problèmes, nous proposons les requêtes suivantes :

Requête 1 : "Trouver les employés **bien payés** de Tunis et qui sont les plus **jeunes**"

Requête 2 : "Trouver les employés ayant un rendement **régulier** travaillant dans un département ayant un nombre d'employés **élevé**"

Requête 3 : "Trouver les employés jeunes ayant un salaire **près de** 750 dinars"

Les requêtes citées ci-dessus ne peuvent pas être traitées par un SGBDR à cause de l'existence d'attributs comprenant des expressions vagues, incertaines et imprécises. Ainsi, pour traduire la première requête en langage relationnelle, nous pouvons écrire :

select * from EMPLOYÉ where âge<24 and âge>16

and salaire > 400 and adresse = "TUNIS"

Mais cette conversion ne traduit pas la réalité, car l'attribut "jeune" ne peut pas être exprimé par un simple intervalle mathématique [16,24] à cause, d'une part, de la non uniformité d'une connaissance qui diffère d'une personne à une autre (une personne choisit l'intervalle [16,24] et une autre l'intervalle [15,28]) et d'autre part de la sensibilité des bornes choisies pour la définition d'un tel intervalle. Ainsi, pour un employé ayant 24 ans et un mois et ayant un salaire de 1800 Dinar Tunisien (DT) sera exclu, alors qu'un autre âgé de 16 ans et ayant 400 DT sera accepté.

Les limites évoquées précédemment ont été mises en évidence dans différents travaux pour étendre les possibilités des systèmes fondés sur l'interrogation classique afin d'introduire la flexibilité dans les requêtes.
Ainsi l'utilisation des données floues est devenue une nécessité, d'où l'importance d'introduire le concept de fouille de données floues.

2.1 Nouvelle approche

La fouille de données floues est définie comme l'ensemble de techniques et de méthodes du domaine des statistiques, des mathématiques et de l'informatique permettant l'extraction, à partir d'un important volume de données floues brutes, des connaissances originales auparavant inconnues [17].
Son avantage majeur est qu'elle implique les données floues dans sa définition, ce qui représente une grande innovation.

Nous allons nous intéresser dans ce mémoire à l'une des méthodes de la fouille de données floues : la classification non supervisée floue.

L'objectif de ce travail est de proposer un nouvel algorithme de classification pour les BDRF. Cet algorithme traitent les données qui ne sont pas de type simple (exact) mais imprécis (ex : âge: jeune, adulte, vieux).

Les données peuvent être dans ce cas de types supportés par le langage FSQL (présenté dans Le chapitre 1).

2.2 Etude comparative des différentes techniques de classification

Nous présentons dans le tableau ci-dessous une synthèse des techniques de classification en évoquant leurs principaux avantages et inconvénients :

Techniques de classification	Avantages	Inconvénients
Classification hiérarchique	- Graphique - Visuellement attirant	Détermination du seuil de la coupe **Les données supportées ne peuvent être que numériques.**
Classification par partitionnement crisp	- Simple - Compréhensible	Un objet ne peut appartenir qu'à un seul cluster. **Les données supportées ne peuvent être que numériques.** Détermination du nombre optimal de clusters.
Classification par partitionnement flou	-Permet le recouvrement entre les clusters.	Détermination du nombre optimal de clusters. **Les données supportées ne peuvent être que numériques.**

Tableau 2.1 : Synthèse des techniques de classification

2.3 Algorithmes de classification et données floues

Il est évident qu'aucune de ces techniques ne peut prétendre à une efficacité universelle. Une approche de classification peut être bien adaptée à un certain type de situations, et s'avérer complètement inutile face à certaines autres catégories de données. En effet, les algorithmes de classification supportent uniquement les données numériques précises, or dans les BDRF les données floues peuvent être des étiquettes linguistiques (chaines de caractères), des intervalles, des valeurs approximatives… (Voir chapitre1).

Ainsi l'application de ces algorithmes de classification se révèle être complètement inefficace pour ce type de situation.

Il est donc essentiel de définir un nouvel algorithme de classification floue capable d'accepter et de traiter aussi bien les données numériques précises que les données floues.

2.3.1 Choix de l'algorithme de classification floue

L'apport de l'utilisation d'une opération de classification en adoptant l'approche floue est à plusieurs niveaux :

- Le recouvrement possible des clusters.
- Le calcul de l'appartenance des objets aux clusters.
- L'appartenance floue des éléments aux clusters ([0,1] plutôt que {0,1} dans le cas binaire).

Après une étude des algorithmes de classification les plus courants, nous avons opté pour le l'algorithme FCM. En effet, il est simple, compréhensible et en parfaite adéquation avec l'objectif de notre travail.

2.3.2 Attributs flous

Le problème auquel nous faisons face en classification est de supporter et traiter les données imprécises. Pour cela nous sommes amenés à définir un nouvel algorithme de classification floue qui permet de tolérer ce type de données. Trois types d'attributs susceptibles de traitement imprécis existent. Ils sont classés selon le type du domaine qu'ils supportent et selon la possibilité de stockage des informations imprécises ou sans imprécision.

Attributs flous de Type1 : ces attributs sont des "données précises" (classiques, sans imprécision) qui peuvent avoir des étiquettes linguistiques définis sur eux. Les attributs flous de Type 1 reçoivent une représentation égale aux données précises, mais ceux-ci peuvent être utilisés dans des conditions floues, c'est-à-dire, en utilisant des comparateurs flous, constants flous, etc. Ces attributs n'autorisent pas d'entreposer des valeurs floues.

Attributs flous de Type 2 : ces attributs sont des "données précises et des données imprécises sur référentiel ordonné». Ces attributs admettent des données classiques comme floues, sous forme de distributions de possibilité sur un domaine sous-jacent ordonné. Ce sont une extension du type 1, autorisant le stockage des informations imprécises.

Attributs flous de Type 3 : Ce sont les attributs du "domaine discret non ordonné avec ressemblance". Ces attributs prennent des valeurs linguistiques simples (SIMPLE) ou des distributions de possibilité (DISTR. POS.) sur les domaines linguistiques.

Exemple 2.1

Soit l'attribut flou âge de type2. Il possède les étiquettes linguistiques définies sur les distributions de possibilité trapézoïdales suivantes :

JEUNE(18,22,30,35), ADULTE(25,32,45,50), VIEUX(50,55,62,70).

La valeur minimale pour considérer deux valeurs de cet attribut comme totalement différentes est de 10.

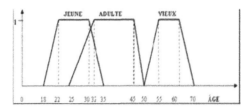

Figure 2.1 : Étiquettes linguistiques de l'attribut ÂGE

Sachant ces différentes définitions, on propose dans ce qui suit une solution pour supporter ces types d'attributs flous.

2.3.3 Solution proposée

- Attributs flous de type1 : comme ces attributs n'autorisent pas d'entreposer des valeurs floues, nous les traitons d'une manière identique aux données précises, aucun traitement particulier ne leur est attribué.

- Attributs flous de type2 : nous nous intéressons à ce type d'attributs étant donné que c'est une extension du type précédent permettant le stockage des données imprécises. Nous remarquons que nous pouvons définir une valeur minimale (seuil) pour considérer que deux valeurs de cet attribut sont totalement différentes. Nous pouvons alors utiliser ce seuil pour construire une table de correspondance floue qui permettra de traiter ce type d'attributs. Nous détaillerons cette partie dans la prochaine section de ce chapitre.

- Attributs flous de type3 : nous utilisons le même principe pour traiter ce type d'attributs c'est la table de correspondance qui est l'idée de base pour les supporter.

Exemple 2.2

Considérons les deux attributs flous de type2 : âge et expérience.

L'attribut âge possède les étiquettes linguistiques définies sur les distributions de possibilité trapézoïdales suivantes : JEUNE(18,22,30,35), ADULTE(25,32,45,50), VIEUX(50,55,62,70).

La valeur minimale pour considérer deux valeurs de cet attribut comme totalement différentes est de 10.

L'attribut expérience possède les étiquettes linguistiques : PETITE(2,3,5,6), BONNE(5,7,10,12), SUFFISANTE(7,8,15,20), GRANDE(12,15,50,50).

Ces valeurs dépendent des nombres d'années travaillés par un employé.

La valeur minimale pour considérer deux expériences comme totalement différentes est de 5.

Soit la table PERSONNEL représentée ci-dessous :

Matricule	Age	Expérience
001	Jeune	bonne
002	Vieux	petite
003	Adulte	suffisante
004	Jeune	grande

Tableau 2.2 : Table PERSONNEL

Pour le premier attribut âge de la table PERSONNEL, nous définissons les codes de correspondance de la manière suivante :

jeune $\longrightarrow$ 1.10

adulte $\longrightarrow$ 1.20

vieux $\longrightarrow$ 1.30

Le choix du nombre 1 traduit le numéro de l'attribut sur lequel on travaille. Ici l'attribut Age est l'attribut numéro 1 et par la suite les codes correspondant aux étiquettes linguistiques commencent tous par 1.

La valeur minimale pour considérer deux valeurs de cet attribut comme totalement différentes est de 10, nous fixons alors un pas = 10 dans le choix des codes

Pour le deuxième attribut expérience :

petite $\longrightarrow$ 2.10

bonne   ⟶   2.15

suffisante   ⟶   2.2

grande   ⟶   2.25

Le choix du nombre 2 traduit le numéro de l'attribut sur lequel on travaille. Ici l'attribut Expérience est l'attribut numéro 2 et par la suite les codes correspondant aux étiquettes linguistiques commencent tous par 2.

La valeur minimale pour considérer deux valeurs de cet attribut comme totalement différentes est de 5, nous fixons alors un pas = 5 dans le choix des codes.

Définition

Soit $\mathcal{F}$ une fonction qui pour tout e appartenant à E l'ensemble des étiquettes linguistiques, fait correspondre un code c appartenant à C l'ensemble des codes de correspondance :

$$\mathcal{F} : \quad E \quad \longrightarrow C$$
$$e \quad \longrightarrow \quad c = \textbf{Numéro attribut.Seuil}$$

Pour les attributs flous de type FTYPE 1 qui sont des données précises, la fonction $\mathcal{F}$ = **id.**

De plus le choix de ces codes concorde avec la sémantique des étiquettes. Par exemple l'étiquette petite est plus proche "sémantiquement" de l'étiquette bonne que de l'étiquette grande, nous avons donc choisi les codes selon cette logique "d'ordre croissant".

Matricule	Age	Expérience
001	1.1	2.15
002	1.3	2.10
003	1.2	2.20
004	1.1	2.25

Tableau 2.3 : Table de correspondance

L'étape suivante consiste à donner la possibilité à l'utilisateur de choisir les attributs selon lesquels il veut réaliser la classification. Cette étape est d'une grande importance puisqu'elle laisse l'utilisateur libre de faire ses propres choix et ne le contraint pas à accepter tous les attributs de la BDRF. Supposons que l'utilisateur choisisse l'attribut âge, nous obtenons alors la table de correspondance raffinée suivante :

Age
1.1
1.3
1.2
1.1

Tableau 2.4 : Table de correspondance raffinée

Il ne reste plus qu'à appliquer l'algorithme FCM pour effectuer la classification floue et pour finir épurer la matrice d'appartenance obtenue en appliquant une coupe.

Nous nous intéressons dans le cadre de ce travail aux données de type étiquette linguistique.

2.4 Fondement théorique de notre approche

Nous allons présenter dans cette section un nouvel algorithme de classification floue FCM-BDRF qui constitue une solution pertinente pour supporter les données de type étiquette linguistique.

2.4.1 Principe

L'idée est de définir une matrice intermédiaire à partir d'une BDRF. La construction de cette matrice se fait en appliquant la fonction $\mathcal{F}$ définie précédemment. Puisque les attributs flous de type1 n'autorisent pas d'entreposer des valeurs floues ils subissent le même traitement que les données précises et par la suite la fonction $\mathcal{F}$ = id. Pour les attributs de type FTYPE 2 et FTYPE 3, la fonction $\mathcal{F}$ fait correspondre à chaque étiquette linguistique un code de la forme Numéro attribut.Seuil. L'algorithme FCM-BDRF permet à l'utilisateur de sélectionner les attributs selon lesquels il veut effectuer la classification, ce qui donne une matrice intermédiaire raffinée formée uniquement des codes des attributs choisis. Une fois la sélection réalisée l'algorithme FCM est appliqué sur la table raffinée pour obtenir une matrice d'appartenance et une coupe est pratiquée sur cette matrice d'appartenance pour l'épurer, c'est-à-dire éliminer toutes les valeurs inférieures à la coupe.

Le schéma suivant illustre le déroulement de notre algorithme :

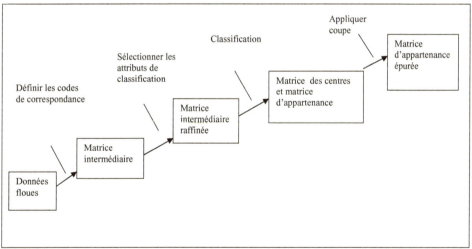

Figure 2.2 : Etapes de l'algorithme FCM-BDRF

Plusieurs formules entrent en compte dans le déroulement de l'algorithme FCM-BDRF, nous citons principalement :

$$u_{ij} = \begin{cases} \left(\sum_{k=1}^{c} \left(\dfrac{\|x_i - v_j\|}{\|x_i - v_k\|} \right)^{\frac{2}{m-1}} \right)^{-1} & if \ \|x_i - v_k\| \succ 0, \\ \forall k \\ 1 & if \ \|x_i - v_j\| = 0 \\ 0 & if \ \exists k \neq j \ \|x_i - v_k\| = 0 \end{cases}$$

pour i = 1,…, N et j = 1,…, c

$$(2.1)$$

$$v_j = \frac{\sum_{i=1}^{N} u_{ij}^{m} x_i}{\sum_{i=1}^{N} u_{ij}^{m}}, \ j = 1,…, \ c \ . \qquad (2.2)$$

L'algorithme FCM-BDRF suit les étapes suivantes :

Entrée : ensemble de données floues de type FTYPE1, FTYPE2, FTYPE3, les attributs de classification, le nombre de clusters c, le paramètre flou m et la fonction de distance ‖ ‖.

Sortie : matrice des centres, matrice d'appartenance, matrice d'appartenance épurée.

Début

    Etape 1 : construire une matrice intermédiaire en appliquant la fonction $\mathcal{F}$ selon le type d'attribut :

        1.1 Si type = FTYPE1 alors $\mathcal{F}$ = id.

        1.2 Si type = FTYPE2 alors $\mathcal{F}$ = Num attribut.Seuil.

        1.3 Si type = FTYPE3 alors $\mathcal{F}$ = Num attribut.Seuil.

    Etape 2 : raffiner la matrice intermédiaire en introduisant les attributs qui vont servir pour la classification.

    Etape 3 : initialisation des centres des clusters v_j^0 (j = 1, 2,…, c).

    Etape 4 : calcul des μ_{ij} (i = 1,2,…, N ; j = 1,2,…, c) en utilisant l'équation (2.1).

    Etape 5 : calcul des nouveaux centres v_j^1 (j = 1, 2,…, c) en utilisant l'équation (2.2).

    Etape 6 : si max $(\| v_j^0 - v_j^1 \|) / \| v_j^1 \|) \leq \varepsilon$ alors fin de l'algorithme ; sinon $v_j^0 = vj^1$ (j = 1, 2,…, c) et aller à l'étape 4.

    Etape 7 : appliquer une coupe sur la matrice d'appartenance pour obtenir une matrice d'appartenance épurée.

Fin

Algorithme FCM-BDRF

2.4.2 Description de la BDRF

Nous présentons dans cette partie la description de la BDRF PERSONNEL pour qu'elle puisse supporter le concept d'attributs flous.

Cette description est comme suit :

Un employé est décrit par une matricule unique, un salaire, un rendement et une expérience.

Ces attributs possèdent les caractéristiques suivantes :

- SALAIRE : possède les étiquettes linguistiques définies sur les distributions de possibilité trapézoïdales suivantes :

BAS(50,80,120,180), MOYEN(150,300,400,550), ÉLEVÉ(400,600,800,1000). La valeur minimale pour considérer deux valeurs de cet attribut comme totalement différentes est de 50.

- EXPERIENCE : possède les étiquettes linguistiques :

TRESPETITE(1,2,4,5),PETITE(2,3,5,6),SUFFISANTE(5,7,10,12),

BONNE(7,8,15,20),GRANDE(12,15,30,50).

Ces valeurs dépendent des nombres d'années travaillés par un employé. La valeur minimale pour considérer deux expériences comme totalement différentes est de 5.

- RENDEMENT entrepose la valeur que peut avoir un rendement d'employé et le degré de similarité avec les autres valeurs.

Degré de similarité	MAUVAIS	RÉGULIER	BON
MAUVAIS	1	0.3	0.2
RÉGULIER	0.3	1	0.7
BON	0.2	0.7	1

Tableau 2.5 : Relations de similitude pour les valeurs de l'attribut rendement

2.4.3 Détermination des attributs flous

Nous pouvons déduire les attributs flous suivants :

- Attributs flous type 1 : SALAIRE.

- Attributs flous type 2 : AGE, EXPÉRIENCE.

- Attributs fous type 3 : RENDEMENT.

Notons que cette déduction n'est pas évidente. Il faut bien maîtriser les concepts d'attributs flous FTYPE1, FTYPE2 et FTYPE3 pour pouvoir affirmer que tel attribut appartient à telle classe de type. En fait, la détermination de type des attributs est une étape très importante dans le processus de création d'une BDRF. Plusieurs critères interviennent dans cette tâche. Nous présentons quelques exemples illustrant notre fondement dans le choix des types des attributs de notre BDRF PERSONNEL :

- SALAIRE : cet attribut entrepose le salaire de chaque employé. En effet, en se basant sur le fait qu'il ne peut entreposer que des valeurs exactes et qu'il peut être interrogé par des valeurs floues, cet attribut doit être de type 1.

 La question qui se pose est : pourquoi ne peut-il pas être de type 2 ? La réponse n'est pas assez simple. Dans notre BDRF, le salaire est très important (une entreprise a un budget bien déterminé, des impôts, des revenues, ...), donc ce n'est pas logique d'entreposer des valeurs floues. Par contre, une interrogation de type "donner les employés ayant un salaire BAS" sera possible. La distance minimale pour considérer deux valeurs de cet attribut comme très séparés est de 50.

- AGE : entrepose l'âge de chaque employé. C'est un attribut flou de type 2, puisque nous pouvons entreposer aussi bien des données précises que tous les types de données qui ont été montrées dans le chapitre 1.

La distance minimale pour considérer deux valeurs de cet attribut comme très séparés est de 10.

- EXPERIENCE : entrepose le nombre d'année de travail de chaque employé. De même que l'attribut âge, c'est un attribut flou de type 2. La distance minimale pour considérer deux valeurs de cet attribut comme très séparés est de 5.

- RENDEMENT : entrepose une qualification du rendement de chaque employé. Cet attribut ne peut pas entreposer des valeurs exactes donc il ne peut pas être de type 1. Comme il présente des ressemblances dans ces valeurs, par conséquent nous lui attribuons le type 3.

2.5 Conception

La conception d'un logiciel représente une partie fondamentale dans son cycle de développement. Plus exactement, réaliser une bonne conception nous facilitera après l'implémentation de notre application et minimisera le risque d'erreur et de retour en arrière.

Pour simuler et faciliter la compréhension d'une application informatique, plusieurs méthodes ont été mises à la disposition du développeur. Sans aucune hésitation nous avons choisi la méthode UML (*Unified Modelling Language*). UML est une norme, un langage de modélisation objet, un support de communication, un cadre méthodologique. Ce langage comble une lacune importante des technologies de modélisation. Il permet d'exprimer et d'élaborer des modèles objet, indépendamment de tout langage de programmation. Il a été pensé pour servir de support à une analyse basée sur les concepts objet.

UML offre plusieurs diagrammes qui permettent de couvrir toutes les étapes et toutes les vues d'un projet. Nous avons utilisé deux de ces diagrammes à savoir le diagramme de cas d'utilisation et le diagramme de classe.

2.5.1 Digrammes de cas d'utilisation

Le diagramme de cas d'utilisation constitue une représentation orientée vers les fonctionnalités du système lui-même. Il décrit sous forme d'action et réaction le comportement du système. Il permettra aussi de définir les limites de ce dernier ainsi que ses relations avec les différents intervenants (acteurs). Un cas d'utilisation (C.U) peut être décrit de façon textuelle mais il peut être également décrit au moyen de diagrammes de séquences qui montrent des interactions entres objets selon un point de vue temporel. En effet, le diagramme de séquences représente une interaction entre objets en insistant sur la chronologie des envois des messages échangés. L'ordre d'envoi des messages est donné par la position sur l'axe vertical du diagramme.

Nous commençons par la présentation du cas d'utilisation de notre application de façon globale pour les détailler ensuite.

La figure suivante représente le diagramme de cas d'utilisation général de l'application.

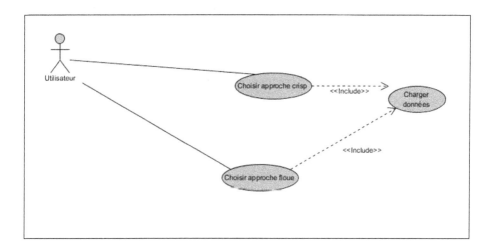

Figure 2.4 : Diagramme de cas d'utilisation général.

Le chargement des données est une étape primordiale afin d'effectuer une procédure de clustering. En effet, l'utilisateur doit charger, tout au début, l'ensemble de données sur lequel il va travailler.

Le tableau suivant représente la description textuelle du C.U « Charger données ».

Cas d'utilisation	Charger données
Acteur principal	Utilisateur
Scénario principal	L'utilisateur choisit de charger un ensemble de données.
	Le système demande à l'utilisateur de spécifier le fichier d'import de données.
	L'utilisateur introduit le chemin du fichier d'import de données.
	Si le fichier existe, le système charge l'ensemble de données.
	Les données chargées sont visibles à l'utilisateur.
Exceptions possibles générées	Le chemin du fichier d'import est invalide.

Tableau 2.6 : Description textuelle du C.U « Charger données »

Une fois que le fichier de données est chargé, l'utilisateur peut choisir une approche crisp ou une approche floue. Nous allons expliquer ces cas d'utilisation en détails.

En ce qui concerne l'approche crisp, le système permet à l'utilisateur de choisir l'algorithme de clustering. Une fois que l'algorithme est choisi l'utilisateur spécifie les paramètres de la classification à savoir les attributs de classification qui l'intéresse et le nombre de cluster qu'il désire générer.

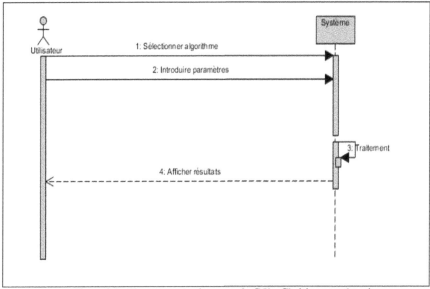

Figure 2.5 : Diagramme de séquences du C.U « Choisir approche crisp »

En ce qui concerne l'approche floue, l'utilisateur commence par choisir l'algorithme de clustering. Il   introduit ensuite les attributs selon lesquels il veut effectuer la classification. Il doit introduire également le nombre de groupes et l'indice flou. Une fois que l'algorithme est appliqué nous obtenons un ensemble de clusters qui se chevauchent. C'est ce qui différencie cette approche de l'approche crisp où un objet ne peut appartenir qu'à un seul cluster.

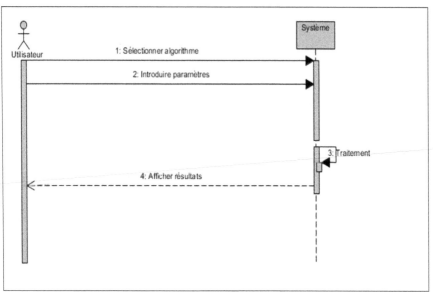

Figure 2.6 : Diagramme de séquences du C.U « Choisir approche floue »

2.5.2 Diagrammes de packages

Les diagrammes de packages sont la représentation de la structure des classes. Les diagrammes de classes sont la représentation de la structure statique en termes de classes de relations. Les objets sont les instances des classes et les liens sont les instances des relations.

La figure 2.7 représente le diagramme de packages de notre application.

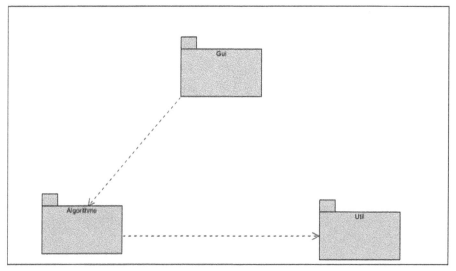

Figure 2.7 : Diagramme de packages

Les packages sont des collections de classes et d'interfaces ayant une relation entre eux. Les packages nous permettent d'éliminer tout type de conflits de nom ou de collision de classes possibles, ils nous offrent une protection et un espace de nommage commun.

Notre application se compose de trois packages.

- Le package **Algorithme** regroupe les classes algorithmes que nous avons implémentées.

- Le package **Util** regroupe des classes utiles pour le développement de notre application.

- Le package **Gui** regroupe les classes de l'interface graphique swing.

Les classes du package gui utilisent les classes du package algorithme pour afficher les résultats. Les classes du package algorithme utilise les classent du package Util pour leurs calculs.

Nous allons, à présent, présenter les diagrammes de classes pour chaque package.

Package Algorithme

La classe **FCM** représente l'implémentation de l'algorithme FCM. Nous avons implémenté un algorithme de clustering qui permet de supporter des données floues. Cet algorithme est FCM-BDRF. Il se base sur l'algorithme FCM, c'est pour cette raison que la classe **FCM-BDRF** hérite de la classe **FCM.**

Package Util

Nous avons implémenté une classe **Matrice** qui est un tableau bidimensionnel avec les opérations de bases sur les tableaux.

La classe **Centre** représente les centres des groupes.

La classe **Resultat** représente la matrice d'appartenance fournie par chaque algorithme.

La classe **Fichier** représente l'ensemble de données. C'est la classe ou on charge l'ensemble de données.

Les classes Centre, Resultat et Fichier héritent de la classe Matrice et utilisent la classe Vecteur.

La classe **Vecteur** représente la ligne d'une Matrice.

Package Gui

Le package **Gui** regroupe les classes de l'interface graphique de notre application.

La classe **MainApp** représente la fenêtre principale contenant des anglets qui permettent la navigation entre les différents modules de l'application.

La classe **JPanelFCM** représente l'interface qui permet d'appliquer l'algorithme FCM.

La classe **JPanelResultFCM** représente l'interface qui permet d'afficher le résultat de l'algorithme FCM.

Nous avons conçu cette application de façon à facilité la maintenance du code. Comme nous avons vu, notre application est structurée en packages. Chaque package regroupe les classes qui ont une relation entre eux. Au sein des classes, nous avons plusieurs relations d'héritages pour éviter la réécriture du code. Ceci offre une très grande liberté au développeur pour maintenir l'application.

Conclusion

Dans ce deuxième chapitre, nous avons mis le point sur l'importance des BDRF et la nécessité de stocker et de manipuler des données floues qui traduisent le mieux le monde réel. Ce qui nous a amené à introduire le concept de fouille de données floues et les avantages qu'elle fournit. Nous nous sommes intéressés à une étape de la fouille de données floues à savoir la classification floue. Nous avons présenté les techniques de classification les plus utilisées. Pour chaque technique, nous avons évoqué les avantages et les limites qu'elle présente. Ainsi nous avons déduit que les algorithmes de classification ont un inconvénient principal : ils ne permettent pas le traitement des données floues. Nous avons alors pensé à définir un algorithme qui permet de remédier à ce problème.

Nous avons présenté le nouvel algorithme FCM-BDRF qui présente les avantages suivants :
- Il accepte les données floues de type étiquette linguistique contrairement aux autres algorithmes de classification et constitue par conséquent une solution efficace pour résoudre ce problème.
- Il ne limite pas l'utilisateur et lui donne le moyen de faire ses propres choix concernant les attributs de classification.
- Il permet d'épurer la matrice d'appartenance en appliquant une coupe, ce qui permet d'éliminer les faibles degrés d'appartenance (les valeurs inférieures à la coupe).
Nous allons présenter dans le chapitre suivant la réalisation d'un outil de clustering qui se base sur l'algorithme FCM-BDRF.

Chapitre 3 :Réalisation d'un Nouvel Algorithme de Classification

3.1 Introduction

Dans cette partie nous présenterons le langage de programmation utilisé et l'environnement de développement. Par la suite, nous décrirons la manière dont notre outil a été réalisé et nous achevons ce chapitre par la présentation des imprimes écrans

3.2 Langage de programmation et environnement de développement

Pour choisir le langage de programmation approprié pour notre application, plusieurs critères ont été pris en compte :

- La sécurité : la sécurité consiste à conserver les informations sensibles dans les mains des utilisateurs autorisés.

- La performance et la puissance : la performance et la puissance d'un langage dépend de son compilateur et de son cycle d'exécution.

- La portabilité : la portabilité d'un langage dépend de la plateforme qu'il supporte.

- La richesse : la richesse d'un langage dépend du nombre de fonctionnalités qu'il offre.

- La réutilisation : c'est le fait qu'un programme réalisé peut être utilisé par un autre programme sans être obligé de le programmer une autre fois.

Après une étude des langages de programmation les plus courants, nous avons opté pour le langage JAVA. En effet, JAVA est un langage :

- Portable : l'utilisateur peut ainsi développer un programme sous Windows et l'exécuter dans des environnements et des architectures diverses tel que MacOS, Linux.

- Fiable.

- Robuste.

- Orienté objet : cette spécificité permet une meilleure lisibilité des programmes, une plus grande organisation des lignes de codes et un traitement des erreurs plus important.

- Sécurisé.

A travers toutes ses spécificités, il faut remarquer que le langage Java synthétise une grande partie des possibilités des autres langages existants, tout en y gommant certains des principaux défauts. Le développement d'un langage portable va de pair avec la multiplication des environnements de travail et notamment l'explosion des systèmes d'exploitation alternatifs à Windows, dont l'un des principaux représentants est Linux. Java est donc un langage, communément reconnu comme étant relativement moderne, et dont le potentiel n'est plus à démontrer [18].

En ce qui concerne l'environnement de développement, nous avons choisi Eclipse 3.3.2.

Eclipse est une plateforme de développement écrite en JAVA, fruit du travail d'un Consortium de grandes entreprises (Borland, IBM, Rational Rose, HP ...). Il en résulte un IDE performant et Open Source qui a su trouver sa place parmi les pointures du marché que sont JBuilder et NetBeans.

Notre choix d'Eclipse se justifie par plusieurs arguments ; en effet Eclipse est :

- Un produit Open Source qui dispose de toutes les fonctionnalités de programmation.

- Facile à manipuler.

- Ergonomique, Eclipse n'a rien à envier à ses concurrents. Toutes les fonctionnalités indispensables sont là : création de projet, de template, débogage...

Sa grande force réside dans l'ouverture de son noyau qui permet l'ajout de fonctionnalités à l'aide des plugins ce qui fait d'Eclipse une boite à outils facilement améliorable ou modifiable. [19].

3.3 Implémentation de l'outil de clustering :

Dans cette partie, nous présentons la manière dont notre outil de clustering a été implémenté.

3.3.1 Initialisation des centres des clusters

L'initialisation des centres des clusters se fait d'une manière aléatoire. Nous choisissons de les initialiser à partir de la matrice de données.

```
for(int i = 0 ; i < c ; i++)
    for(int j = 0 ; j < file.getColumn() ; j++)
        centre.getMat()[i][j]= file.getMat()[i][j];
```

3.3.2 Initialisation de la matrice d'appartenance

L'initialisation de la matrice d'appartenance est aléatoire. Elle doit satisfaire la propriété qui exige que $\sum_{j=1}^{c} \mu_{ij} = 1$.

```
for(int i = 0 ; i < c; i++)
    for(int j = 0 ; j < file.getLigne() ; j++)
        if((i == j)||((i == c-1)&& (j > i)))
            resultat.getMat()[i][j] = 1;
        else resultat.getMat()[i][j] = 0;
```

3.3.3 Calcul des nouveaux centres des clusters

Cette méthode permet de mettre à jour les centres des clusters.

80

```
public static Matrice generateNewGroupCenter(Matrice resultat, Matrice file , int c, int m  )
    {
            Matrice centre  = new Matrice(c, file.getColumn());

            for( int i = 0 ; i < c ; i ++)
            {
                    double somme=0;
                    Vecteur Vi = new Vecteur(file.getColumn());

                    Vecteur somme2 = new Vecteur(file.getColumn());;
                    for(int k= 0 ; k < file.getLigne() ; k++)
                    {
                            Vecteur Xk = Vecteur.getVecteur(file,k);
                            somme2 =
Vecteur.somme(Vecteur.produit(Xk,Math.pow(resultat.getMat()[i][k],m)),somme2);
                            somme = somme + Math.pow(resultat.getMat()[i][k],m) ;
                    }
                    Vi = Vecteur.division(somme2,somme);
                    Vecteur.setVecteur(Vi,centre,i);

            }
            return centre;
    }
```

3.3.4 Calcul de la matrice d'appartenance

```
public static void calcul_matrice(Matrice matFile , Matrice matCentre , Matrice result, int m)
        {
                Vecteur Xk,Vi,Vj;
                boolean test = true;

                for(int k = 0 ; k < matFile.getLigne() ; k ++ )
                {
                   Xk = Vecteur.getVecteur(matFile,k);

                   for(int i = 0 ; i < matCentre.getLigne() ; i++ )
                       {
                           Vi = Vecteur.getVecteur(matCentre,i);
                           double norme = Vecteur.getNorme(Xk,Vi);
                           if(norme == 0)
                               {
                                  result.getMat()[i][k] = 1;
                               }
                           else
                               {
                                       test = true;
                                       for(int j = 0 ; j < matCentre.getLigne() ; j++)
                                       {
                                               Vj = Vecteur.getVecteur(matCentre,j);
                                               double norme2 = Vecteur.getNorme(Xk,Vj);
                                               if((norme2 == 0) && (i!=j))
                                               {
                                                       result.getMat()[i][k] = 0;
                                                       test = false;
                                                       break;
                                                       //Sortir
                                       }
```

```
                                        }
                                        if(test == true)
                                        {

                                        result.getMat()[i][k] =
Vecteur.getResultFormule(Xk,Vi,matCentre,matCentre.getLigne(), m);

                                        }
                                }
                        }
                }
        }
```

```
public static double getResultFormule(Vecteur Vk , Vecteur Vi , Matrice centre , int c, int m)
        {
                double somme = 0;
                Vecteur Vj ;
        for(int j = 0 ; j < c ; j++)
   {
        Vj = Vecteur.getVecteur(centre,j);
somme= somme+ Math.pow((Vecteur.getNorme(Vk,Vi)/Vecteur.getNorme(Vk,Vj)),(2/(m-1)));
        }
                return 1/somme;
   }
```

3.3.5 Epurer la matrice d'appartenance

Cette méthode ne garde que les éléments de la matrice d'appartenance qui ont un degré d'appartenance $>$ coupe $= 1/$nombre de cluster.

```
public void SelectElements( double param)
    {
        DecimalFormat df = new DecimalFormat("0.000");
        int k = 0;
        for(int i = 0 ; i < this.ligne ; i++)
        {
          for(int j = 0 ; j < this.colonne ; j++)
          {
              if(this.mat[i][j] > param)
              {
              System.out.print(this.mat[i][j]+ "(obj" + (j+1)+ ")"+ " ");
              k ++;
              }
          }
              System.out.println("    " + " ---> Le cluster" + (i+1) + " contient" + " " + k + " "    +
"objets   ayant un degré d'appartenance > " +df.format(param));
              k = 0;
        }
    }
```

3.3.6 Construction de la matrice intermédiaire

Cette méthode permet de construire la matrice intermédiaire en appliquant la fonction $\mathcal{F}$.

```
public static double[][] getMatriceFromFile(String fileName) throws IOException
      {
      DataInputStream ips = new DataInputStream( new BufferedInputStream( new
FileInputStream(fileName)));
            int ligne = 0 ;int z = 0;
            int tabulation = 0 ;
            String str = "";
            while((ips.available() != 0 ))
            {
             char c = (char)ips.readByte();
            if(c == '\t') tabulation++;
            if(c == '\n') ligne++;
            }
            ips = new DataInputStream( new BufferedInputStream( new
FileInputStream(fileName)));
            ligne++;
            tabulation = tabulation / ligne +1;
            double[][] matrice = new double[ligne][tabulation];
            int i = 0 ,j = 0 ;
        while((ips.available() != 0 ))
            {
              char c = (char)ips.readByte();
              while((c != '\n'))//&& (in.available() != 0 ))
                {
                  if((c != '\t')&& (c!='\r')&& (c!='#'))
                   {
                     str+= c;
                   }
                 else
                    {
                      if(str.equals("jeune"))
                      matrice[i][j] = 1.10;
                      else
```

```
if(str.equals("adulte"))
    matrice[i][j] = 1.20;
else
if(str.equals("vieux"))
matrice[i][j] = 1.30;
else
if(str.equals("trespetite"))
matrice[i][j] = 2.10;
else
if(str.equals("petite"))
matrice[i][j] = 2.15;

else
if(str.equals("suffisante"))
    matrice[i][j] = 2.20;
else
if(str.equals("bonne"))
matrice[i][j] = 2.25;
else
if(str.equals("grande"))
    matrice[i][j] = 2.30;
else
if(str.equals("mauvais"))
matrice[i][j] = 5.1;
else
if(str.equals("regulier"))
    matrice[i][j] = 5.2;
else
if(str.equals("bon"))
    matrice[i][j] = 5.3;
else
matrice[i][j] = Double.parseDouble(str);
if(c == '#')
    {
```

```
                    return matrice;
                  }
                  j++;
                  str = "";
              }
                if(ips.available()!=0)
                  {
                    c = (char)ips.readByte();
                  }
                else
                {
                  c = '#';
                }


                }
                i++;
                j=0;
          }
          return matrice;
          }
```

3.4 Ecrans réalisés

Cette partie illustre quelques imprimes écrans de notre application. Nous allons présenter deux scénarios de deux cas d'utilisation différents.

La figure 3.1 représente la fenêtre principale pour notre application. Dans la barre de menu, nous voyons que, seul, le menu Fichier est activé. L'utilisateur doit, tout d'abord, choisir l'ensemble de données sur lequel il veut travailler. Le menu approche crisp permet de choisir un algorithme de classification crisp. De même le menu approche floue permet de choisir un algorithme de classification floue. Le menu Exécuter permet d'afficher le résultat de la classification. Le menu synthèse permet de récapituler le résultat en précisant le nombre et l'ensemble d'objets pour chaque cluster.

Figure 3.1 : Page d'accueil

La figure 3.2 représente les fonctionnalités proposées par le menu Fichier.

Figure 3.2 : Menu Fichier

La figure suivante illustre le choix du fichier. En cliquant sur le sous menu Ouvrir du menu Fichier, l'utilisateur voit cette fenêtre s'afficher. Il choisit ainsi les données sur lesquelles il veut travailler.

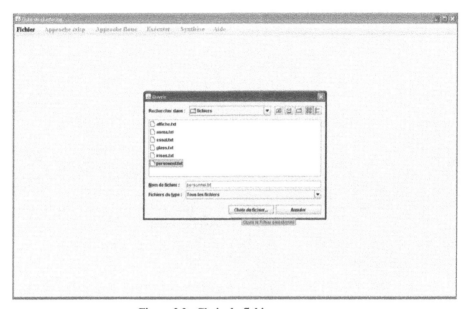

Figure 3.3 : Choix du fichier

Nous voyons bien que l'utilisateur a choisi de travailler avec le fichier PERSONNEL.

La figure 3.4 représente la fenêtre qui s'affiche après que l'utilisateur ait choisi le fichier.

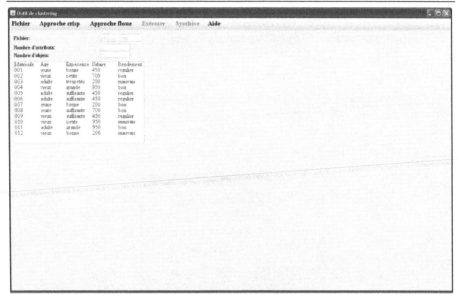

Figure 3.4: Affichage du fichier

Dans cette fenêtre, les données du fichier PERSONNEL s'affichent à gauche avec le nombre d'objets présents et le nombre d'attributs. Les menus approche crisp et approche floue s'activent pour permettre à l'utilisateur de choisir.

La figure 3.5 représente le choix de l'approche et de l'algorithme de clustering.

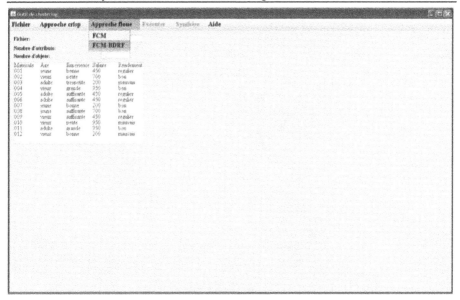

Figure 3.5 : Choix de l'approche et de l'algorithme de clustering

Nous voyons que l'utilisateur a choisi l'approche floue et l'algorithme FCM-BDRF.

Il doit alors sélectionner les attributs de classification qui l'intéresse. Il introduit ensuite le nombre de groupes à générer ainsi que l'indice flou et il confirme son choix en appuyant sur le bouton Valider pour activer le menu Exécuter qui permet de voir le résultat de la classification s'afficher. Le bouton Annuler permet de résilier le choix de l'utilisateur en effaçant tous les champs.

La figure 3.6 illustre le choix de l'utilisateur.

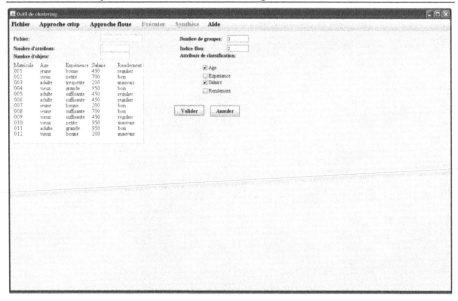

Figure 3.6 : Choix des paramètres

Nous voyons que l'utilisateur choisit de travailler avec les attributs âge et salaire avec le nombre de groupes égal à 3 et l'indice flou égal à 2.

La figure 3.7 représente le résultat de la classification.

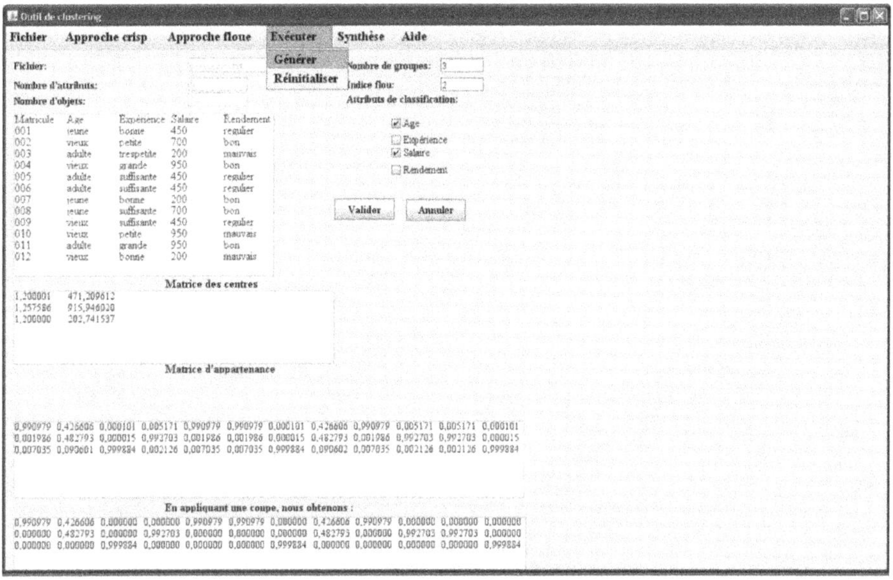

Figure 3.7: Résultat de la classification

En appuyant sur le sous menu Générer, l'utilisateur voit s'afficher la matrice des centres et la matrice d'appartenance.

Une coupe est appliquée sur la matrice d'appartenance pour ne garder que les objets qui ont un degré d'appartenance supérieur à la coupe. Les degrés d'appartenance qui sont inférieurs à la coupe sont remplacés par des 0.

Le sous menu Réinitialiser permet à l'utilisateur d'entreprendre une nouvelle exécution en réinitialisant les différentes matrices. L'utilisateur n'a qu'à introduire les nouveaux paramètres de classification.

La figure suivante représente la réinitialisation des matrices.

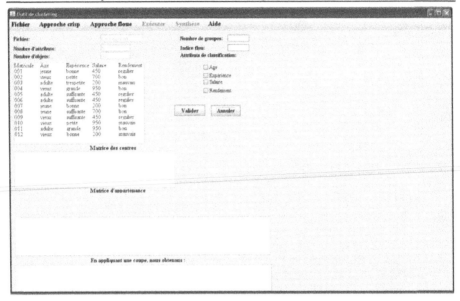

Figure 3.8 : Réinitialisation

Le menu Synthèse s'active pour résumer le résultat de la classification. Le sous menu Afficher précise pour chaque cluster le nombre et l'ensemble d'objets ayant un degré d'appartenance supérieur à la coupe.

La figure 3.9 illustre la synthèse du résultat de classification.

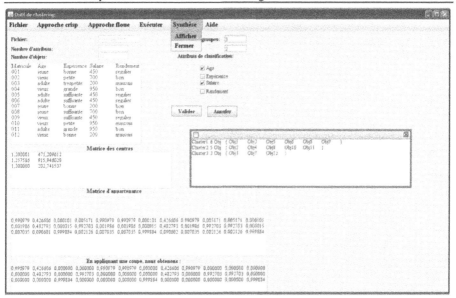

Figure 3.9 : Synthèse du résultat de clustering

Dans la fenêtre qui s'affiche les détails de chaque cluster sont donnés. Nous voyons que le cluster1 contient 6 objets qui sont: {Obj1, Obj2, Obj5, Obj6, Obj8, Obj9}, le cluster2 contient 5 objets : {Obj2, Obj4, Obj8, Obj10, Obj11} et le cluster3 contient 3 objets : {Obj3, Obj7, Obj12}. Cette synthèse rend le résultat du clustering plus clair et compréhensible pour l'utilisateur.

Conclusion

Dans ce chapitre, nous avons présenté une application qui offre plusieurs fonctionnalités de clustering à l'utilisateur. En effet, il peut choisir entre une approche de classification crisp et une approche de classification floue. Pour remédier au problème de la classification des données floues, nous avons implémenté un nouvel algorithme de classification floue FCM-BDRF qui classifie les étiquettes linguistiques. L'application permet d'exécuter cet algorithme sur un ensemble de données floues. Cette application a été conçue et réalisée de façon à faciliter la maintenance du code. Ainsi l'ajout d'un algorithme ou d'une fonctionnalité devient une tâche très simple.

Chapitre 4 : Conclusion et Perspectives

4.1 Synthèse

Habituellement, pour stocker de grandes quantités de données, les bases de données ont des mécanismes incorporés seulement pour des relations exactes. Comme la technologie est appliquée pour atteindre des domaines très variés, qui supportent des données vagues, imprécises et/ou des préférences dans les attributs, parfois les BDR ne peuvent pas complètement satisfaire ou modéliser les relations et les attributs de ces domaines. Les BDRF constituent alors une alternative aux BDR pour certains types d'applications puisqu'elles répondent aux exigences de l'utilisateur à savoir le stockage et la manipulation des données floues permettant ainsi la représentation appropriée du monde réel.

L'utilisation des données floues devient une nécessité, d'où l'importance de définir dés à présent le concept de fouille de données floues. Nous nous sommes intéressés à l'une des méthodes de la fouille de données floues à savoir la classification non supervisée floue. Nous avons commencé par faire un tour d'horizon sur les principaux algorithmes de classification existants. Ce tour d'horizon nous a permis de constater un problème majeur concernant ces algorithmes. En effet, les algorithmes de classification supportent uniquement les données numériques précises, or dans les BDRF les données floues peuvent être des étiquettes linguistiques (chaines de caractères), des intervalles, des valeurs approximatives…

Pour remédier à ce problème, nous avons tenté d'abord de définir un nouvel algorithme de classification floue FCM-BDRF qui traite aussi bien les données exactes que les données floues. L'algorithme FCM-BDRF permet de gérer les données numériques précises mais également les étiquettes linguistiques. Nous avons ensuite implémenté un outil de clustering qui propose à l'utilisateur plusieurs fonctionnalités. En effet, l'utilisateur peut choisir une approche crisp ou une approche floue. Cet outil prend en compte les préférences de l'utilisateur vis-à-vis des attributs. L'utilisateur peut alors choisir les attributs qui l'intéressent pour la classification.

L'application a été réalisée de façon à assurer la portabilité et la facilité de la maintenance du code.

4.2 Perspectives

Les perspectives de notre travail sont nombreuses. Parmi ces dernières nous citons :

- Enrichir notre outil en ajoutant de nouveaux algorithmes de clustering.

- Intégration des techniques hiérarchiques : notre outil n'intègre que les approches par partitionnement crisp et floue afin de les enrichir on propose d'intégrer les approches hiérarchiques vue leurs utilités dans plusieurs domaines notamment le domaine du web.

- Améliorer l'algorithme FCM-BDRF pour qu'il supporte des données floues autres que les étiquettes linguistiques.

Annexe

La Théorie des ensembles flous

La logique floue

Introduite par le professeur Lotfi Zadeh en 1965, elle sert à représenter des connaissances incertaines et imprécises. Contrairement à la logique classique de Boole, elle est un outil qui manipule des variables dites floues. Ces variables floues peuvent appartenir simultanément à des ensembles qui sont, selon la logique classique, disjoints. Cette appartenance est caractérisée par un degré d'appartenance, un nombre entre 0 et 1, donnant le degré de confiance de cette appartenance [20].

Applications

La logique floue est utilisée dans de nombreux domaines et surtout ceux qui sont accessibles au grand public.

Dans le domaine d'automatisme, la logique floue est beaucoup utilisée pour de nombreuses applications (pilotes d'avions, trains automatiques,. . .).

De nombreuses disciplines informatiques utilisent également la logique floue. Nous pouvons citer notamment l'intelligence artificielle (représentation de la base des connaissances dans les systèmes experts), les bases de données (manipulation des informations incomplètes et imprécises), la recherche d'information et la programmation (programmation floue ou à orientation linguistique) [21].

Ainsi que d'autre domaines comme la médecine (système expert MYCIN qui permet une aide aux diagnostics), la reconnaissance des formes,...

Ensemble flou

Un ensemble flou F d'univers U (un sous-ensemble flou de U) est défini par une fonction d'appartenance μ_F qui à chaque élément x de U attribue une valeur de l'intervalle [0,1].

$$F = \{(x, \mu_F (x)); x \in U, \mu_F (x) \in [0, 1]\}$$

Cette valeur ($\mu_F(x)$) représente le degré d'appartenance de x à l'ensemble F. Par définition si ($\mu_F(x) = 0$) alors x n'appartient pas du tout à F et plus ($\mu_F(x)$) se rapproche de 1, plus la valeur de x appartient à F (si ($\mu_F(x) = 1$) alors x appartient complètement à F).

Opérations sur les ensembles flous

Nous commençons par définir les notions de normes et conormes triangulaires qui seront utilisées dans les opérations d'intersection et d'union.

Définitions

- Une norme triangulaire (ou t-norme) T est une opération binaire sur l'intervalle [0,1]. Cette opération est associative, commutative, monotone et telle que T(a,1)=a.

- Une conorme triangulaire (t-conorme) $\perp$ est une opération binaire sur l'intervalle [0,1]. Cette opération est associative, commutative, monotone et telle que $\perp$ (a,0)=a.

- Puisque le couple norme/conorme triangulaire, min/max est le plus utilisé dans la littérature, nous l'avons utilisé pour représenter les différentes opérations sur les ensembles flous.

Soient A et B deux ensembles flous définis sur l'univers X, nous avons les définitions suivantes [2] :

- La complémentation de l'ensemble flou A : $\forall x \in X$, $\mu_{\bar{A}}(x) = 1 - \mu_A(x)$

- L'intersection de A et B : $\forall x \in X$, $\mu_{A \cap B}(x) = \min(\mu_A(x), \mu_B(x))$

- L'union de A et B : $\forall x \in X$, $\mu_{A \cup B}(x) = \max(\mu_A(x), \mu_B(x))$

- La différence de A moins B : $\forall x \in X$, $\mu_{A-B}(x) = \min(\mu_A(x), 1 - \mu_B(x))$

- L'inclusion de A dans B : $\mu_{A \subseteq B}(x) = \min_{x \in X} \mu_A(x) \rightarrow \mu_B(x)$ où $\rightarrow$ désigne une implication floue

Variables linguistiques

Exemple

Un patient atteint d'hépatite présente généralement les symptômes suivants :

- Le patient a une forte fièvre ;

- sa peau présente une coloration jaune ;

- il a des nausées.

Comment modéliser l'état : "a une forte fièvre" ? La variable booléenne ci-contre tente de représenter cet état. En deçà de la température T0, le patient n'a pas de température. Au delà, il doit consulter !

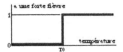

Figure 1 : Représentation de la température par des ensembles flous

Comment donner une valeur à T0. Doit-on prendre 39 ou 40 degrés ? La notion de fièvre est typiquement une notion floue difficilement modélisable avec l'algèbre booléenne classique.

La variable "a une forte fièvre" manipulée par la logique floue serait la suivante :

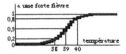

Figure 2 : Représentation de la température par des ensembles flous

- Univers du discours   :   Gamme de température de 0°C à 200°C.

- Variable linguistique : La température.

- Valeurs linguistiques : « Forte fièvre».

La transition entre les valeurs faux (codée 0) et vrai (codée 1) est maintenant progressive.

Un patient présentant une température de 38 n'a qu'un faible degré d'appartenance 20 % (0,2) l'état "a une forte fièvre" alors que celui qui atteint 40 présente un fort degré d'appartenance (80 %) à ce même état.

Exemple

Pour évaluer la hauteur (H) d'une personne en utilisant des termes linguistiques, nous devons leurs associer des fonctions de représentation. Nous présentons dans cet exemple, l'évaluation de la hauteur (H) d'une personne selon les deux logiques : classique et floue. Pour cela, nous pouvons utiliser les mots, PETIT et GRAND [22].

En logique classique

La fonction de représentation du terme PETIT (resp. GRAND) va attribuer à toute personne ayant une hauteur entre 0 et 1m65 (resp. 1m65 et plus) une appartenance totale (degré = 1). Ainsi, une personne qui mesure 1m63 appartient nécessairement au sous-ensemble PETIT (avec un degré 1).

En logique floue

La représentation de PETIT et GRAND se fait au moyen de deux fonctions qui calculent l'appartenance de chaque personne à l'ensemble flou PETIT et/ou GRAND. Ainsi, une personne qui mesure 1m63 appartient en même temps au sous-ensemble flou PETIT et au sous-ensemble flou GRAND avec un degré de 0,7 (pour PETIT) et de 0,3(pour GRAND).

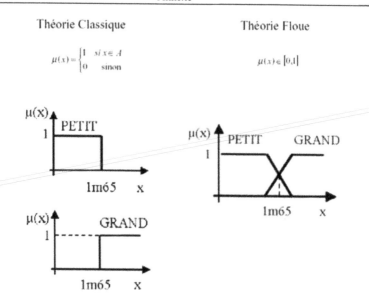

Figure 3 : Représentation de la taille par des ensembles flous

- Univers du discours : Gamme de taille de 0cm à 220cm.

- Variable linguistique : La taille.

- Valeurs linguistiques : «petit» «grand».

Propriété d'un ensemble flou

Un ensemble ou F de l'univers U est caractérisé par :

- Son noyau, noté noy(F), qui représente l'ensemble des éléments de U pour lesquels la fonction d'appartenance $\mu_F(x)$ vaut 1 : noy(F) = {x ∈ U/$\mu_F(x)$ = 1}.

- Son support, noté supp(F), qui représente l'ensemble des éléments de U appartenant, même très peu, à F, c-à-d, ayant $\mu_F(x)$ qui n'est pas nulle : supp(F) = {x ∈ U/$\mu_F(x)$ ≠ 0}.

- Sa hauteur, notée h(F), qui représente la plus grande valeur prise par sa fonction l'appartenance : h(F) = sup$\mu_F(x)$; $_{x \in U}$

- Sa α-coupe qui représente l'ensemble contenant les éléments ayant un degré d'appartenance supérieur ou égal à α : α-coupe(F) = {x ∈ U/μ_F (x)≥ α }.

- Un ensemble flou est dit normalisé s'il existe au moins un élément de complète appartenance (∃x tel que μ_F (x) = 1).

Fuzzification

La fuzzication est le processus de conversion d'une donnée précise en une donnée floue. Elle consiste à définir les fonctions d'appartenance de toutes les variables précises (d'entrée) et à déterminer le degré d'appartenance de chacune d'elles à l'ensemble flou en question [23].

Exemple

Figure 4 : Représentation du processus de fuzzification

Défuzzification

D'une façon similaire, la défuzzication se définie comme le processus de passer d'une donnée floue (variable linguistique) en une donnée exacte.

Plusieurs méthodes utilisées dans la défuzzication, la plus souvent utilisée est le calcul du centre de gravité [11].

Bibliographie

[1] Nédélec, A. (2007). Systèmes de gestion de bases de données, Ecole Nationale d'Ingénieurs de Brest, France.

[2] Ben Hassine, M. (2005). Contribution à l'implémentation d'une base de données floue fous un système de gestion de base de données relationnel. Mémoire de mastère en automatique et traitement du signal, Ecole Nationale d'Ingénieurs de Tunis, Tunisie.

[3] Base de données et système de gestion de base de données, http://lig-membres.imag.fr/Herve.Martin/HTML/FenetrePrincipale.htm.

[4] Structured Query Language, http://fr.wikipedia.org/wiki/SQL.

[5] Medina, J.M., Pons, O., and Vila, M.A. GEFRED: A Generalized Model of Fuzzy Relational Data Bases. (1994). Information Sciences - Informatics and Computer Science: An International Journal, volume 76, issue 1-2, pages 87-109.

[6] Jiménez Candia, L. (2005). Gestion des connaissances imparfaites dans les organisations industrielles : Cas d'une industrie manufacturière en Amérique Latine. Thèse de doctorat en systèmes industriels, Institut National Polytechnique de Toulouse, France.

[7] Fayyad, U., Piatetsky-Shapiro, G., and Smyth, P. (1996). From data mining to knowledge discovery in databases. American Association for Artificial Intelligence.

[8] Preux, Ph. (2007). Fouille de données notes de cours. Université de Lille 3, France. http://www.grappa.univ-lille3.fr/~ppreux/fouille/.

[9] Han, J., and Kamber, M. (2006). Datamining: Concepts and Techniques, 2nd edition. The Morgan Kaufmann Series in Data Management Systems, Jim Gray, Series Editor.

[10] www.inria.fr.

[11] Khodja, L. (1997). Contribution à la classification floue non supervisée. Thèse de doctorat en électronique - électrotechnique- automatique, Université de Savoie, France.

[12] Jollois, F.X. (2003). Contribution de la classification automatique à la Fouille de Données. Thèse de doctorat en informatique, Université de Metz, France.

[13] Dubois, R. (2004). Application des nouvelles méthodes d'apprentissage à la détection précoce d'anomalies en électrocardiographie. Thèse de doctorat en électronique, Université Paris 6, France.

[14] Bohoua-Nasse, F.O, and Hachama, M. (2004). Une segmentation grossière et rapide des images en couleurs.

http://www.tsi.enst.fr/tsi/enseignement/ressources/mti/gric/schedule.htm.

[15] Zouaoui, H., and Moussaoui, A. (2009). Clustering par fusion floue de données appliqué à la segmentation d'images IRM cérébrales. Conférence Internationale sur l'Informatique et ses Applications, Saida, Algérie.

[16] Rakotomalala, R. Comparaison de logiciels. http://eric.univ-lyon2.fr/~ricco/tanagra/fr/contenu_tutoriaux_comparaison_logiciels.html.

[17] Boully, X. Technologies and datamining. http://www.ultra-fluide.com/ressources/datamining/presentation.htm.

[18] Dailly, N. Présentation du langage java. http://www.dailly.info/java/java.php.

[19] Siber, E., and Wicht, B. Les meilleurs RAD & EDI java. http://java.developpez.com/outils/edi/.

[20] Zrida, J. Réseaux de neurones, logique floue et algorithmes génétiques. Ecole Supérieure des Sciences et Techniques de Tunis.

[21] Logique floue, http://logiquefloue.free.fr.

[22] Gabriel, P. (2001). Introduction à la logique floue et à la commande floue, Université de Liège.

[23] Ben Taziri, A., Feki, E., and Mhiri, R. La logique floue. http://www.tn.refer.org/hebergement/cours/logique_floue/comm3.html.